Libro de Cocina de Dieta Anti Inflamatoria

El Plan de Acción de 3 Semanas - Más de 120 Recetas Fáciles de Hacer y un Plan de Comidas Comprobado para Combatir la Inflamación y Tener una Salud Corporal Duradera

John Carter

Derechos de Autor © John Carter

Aviso de descargo de responsabilidad:

Por favor toma en cuenta que la información contenida en este documento es únicamente para fines educativos y de entretenimiento. Se ha hecho todo lo posible para proporcionar información completa, precisa, actualizada y confiable. No hay garantías de ningún tipo expresas o implícitas. Los lectores reconocen que el autor no participa en la prestación de asesoría legal, financiera, médica o profesional. Al leer este documento, el lector acepta que bajo ninguna circunstancia somos responsables de las pérdidas, directas o indirectas, que se incurran como resultado del uso de la información contenida en este documento, incluidos, entre otros, errores, omisiones o inexactitudes.

Nota Legal:

Este libro está protegido por derechos de autor. Es solamente para uso personal. No está permitido modificar, distribuir, vender, usar, citar o parafrasear ninguna parte o el contenido de este libro sin el consentimiento del autor o propietario de los derechos de autor. En caso de incumplimiento se emprenderán acciones legales.

La información proporcionada en este documento se declara veraz y coherente, ya que cualquier responsabilidad, con respecto a la falta de atención o de otro modo, por el uso o abuso de cualquier política, proceso o dirección contenida en el mismo es responsabilidad única y total del lector receptor. Bajo ninguna circunstancia se tendrá responsabilidad legal o culpa alguna contra el editor por cualquier compensación, daño o pérdida monetaria debido a la información aquí contenida, ya sea directa o indirectamente. Los respectivos autores son propietarios de todos los derechos de autor que el editor no posee.

El autor no es un profesional licenciado, médico o profesional médico y no ofrece tratamiento médico, diagnósticos, sugerencias o asesoría. La información presentada en este documento no ha sido evaluada por la Administración de Drogas y Alimentos de los Estados Unidos y no está destinada a diagnosticar, tratar, curar o prevenir ninguna enfermedad. Se debe obtener la autorización médica completa de un doctor en medicina con licencia antes de comenzar o modificar cualquier dieta, ejercicio o programa de estilo de vida, y se debe informar al médico sobre todos los cambios nutricionales. El autor no se responsabiliza ante ninguna persona o entidad por cualquier responsabilidad, pérdida, daño o muerte causada o presuntamente causada directa o indirectamente como resultado del uso, aplicación o interpretación de la información presentada en este documento.

Tabla de Contenidos

INTRODUCCIÓN 8
UN VISTAZO A UNA DIETA ANTI-INFLAMATORIA....... שגיאה! הסימניה אינה מוגדרת.
   ¿QUÉ ES LA INFLAMACIÓN CORPORAL? 10
   ¿POR QUÉ DEBES CONTROLARLA? 11
   CONSEJOS INTELIGENTES PARA UN ESTILO DE VIDA SIN INFLAMACIONES 133
   ALIMENTOS A CONSUMIR 155
   ALIMENTOS A EVITAR .... שגיאה! הסימניה אינה מוגדרת.7
   PLAN DE DIETA DE 3 SEMANAS Y PLAN DE ACCIÓN 188

DESAYUNOS Y BATIDOS 311
   FRITTATA DE SETAS Y ESPINACAS 322
   PANQUEQUES DE PLÁTANO Y CANELA .... שגיאה! הסימניה אינה מוגדרת.4
   AVENA CON JENGIBRE .... שגיאה! הסימניה אינה מוגדרת.6
   LECHE CALIENTE CON CÚRCUMA Y CANELA .... שגיאה! הסימניה אינה מוגדרת.8
   FRITTATA DE ESPINACAS Y QUESO CHEDDAR 40
   TAZÓN DE QUINUA Y ARÁNDANOS .... שגיאה! הסימניה אינה מוגדרת.2
   PANQUEQUES CLÁSICOS CON BANANA Y ALMENDRAS 433
   GRANOLA DE AVENA Y MANZANA .... שגיאה! הסימניה אינה מוגדרת.5
   CREPES DE COCO .... שגיאה! הסימניה אינה מוגדרת.7
   CHÍA FRESA 499
   DESAYUNO DE HUEVO Y PIMIENTA .... שגיאה! הסימניה אינה מוגדרת.1
   GACHAS CON CHÍA Y CÁÑAMO .... שגיאה! הסימניה אינה מוגדרת.2
   BATIDO DE COL RIZADA Y PISTACHO .... שגיאה! הסימניה אינה מוגדרת.4
   BATIDO DE MENTA VERANIEGO 555
   BATIDO DE YOGUR CON HIGOS .... שגיאה! הסימניה אינה מוגדרת.7
   BATIDO DE AGUACATE CON CACAO .... שגיאה! הסימניה אינה מוגדרת.9
   BATIDO DE CALABAZA Y CANELA 611
   ZUMO DE ZANAHORIA CON PIÑA .... שגיאה! הסימניה אינה מוגדרת.3
   BATIDO DE REMOLACHA Y CEREZA 644
   BATIDO EXUBERANTE ROJO DE PIÑA .... שגיאה! הסימניה אינה מוגדרת.6

ENTRADAS Y ACOMPAÑANTES 677

APERITIVOS DE PATATA Y CALABACÍN .... שגיאה! הסימניה אינה מוגדרת.8
CHAMPIÑONES RELLENOS DE ESPINACAS 699
MORDISCOS DE REMOLACHA AL HORNO ..... שגיאה! הסימניה אינה מוגדרת.1
APERITIVO DE COL CHINA CON SÉSAMO ...... שגיאה! הסימניה אינה מוגדרת.2
BOCADITOS DE SALMÓN .... שגיאה! הסימניה אינה מוגדרת.3
COLIFLOR AL AJO 744
EMPANADILLAS DE LENTEJAS Y PATATAS .. שגיאה! הסימניה אינה מוגדרת.6
APERITIVO DE TOMATE Y AJO........................ שגיאה! הסימניה אינה מוגדרת.8
ESPÁRRAGOS INCREÍBLES 799
APERITIVO DE COL RIZADA AL AJO .... שגיאה! הסימניה אינה מוגדרת.1

SOPAS Y ESTOFADOS...**822**
SOPA DE POLLO CON VERDURAS 833
SOPA DE LENTEJAS CON CHAMPIÑONES...855
ESTOFADO DE CHILI CON CERDO .... שגיאה! הסימניה אינה מוגדרת.7
SOPA DE POLLO JALAPEÑO...899
SOPA DE PATATA CON BRÓCOLI 911
ESTOFADO DE PATATAS Y ATÚN..933
SOPA DE PESCADO Y GAMBAS....................... שגיאה! הסימניה אינה מוגדרת.5
SOPA DE TOMATE CON YOGUR 977
ESTOFADO DE POLLO Y ALCACHOFA............ שגיאה! הסימניה אינה מוגדרת.9
ESTOFADO DE VIEIRAS Y GAMBAS .... שגיאה! הסימניה אינה מוגדרת.1
SOPA DE CERDO CON BROTES .... שגיאה! הסימניה אינה מוגדרת.
SOPA DE POLLO CON FRIJOLES BLANCOS ...... שגיאה! הסימניה אינה מוגדרת.5
SOPA DE AGUACATE CON COCO 1077
ESTOFADO DE CERDO CON BERENJENAS........ שגיאה! הסימניה אינה מוגדרת.9
SOPA DE CHAMPIÑONES Y ESPINACAS 1111

AVES Y POLLO **1133**
ENSALADA VERDE CON PAVO .... שגיאה! הסימניה אינה מוגדרת.4
ENSALADA DE POLLO CON ACELGAS 1166
POLLO CLÁSICO ITALIANO CON ESPECIAS 1188
ENSALADA DE POLLO Y ESPINACAS..12020
POLLO CON ARROZ INTEGRAL..1222
HAMBURGUESAS DE PAVO CON PIMIENTA 1244
POLLO BRUSELAS... שגיאה! הסימניה אינה מוגדרת.6
CAZUELA DE POLLO Y BRÓCOLI.................... שגיאה! הסימניה אינה מוגדרת.8
CUSCÚS CON POLLO Y ZANAHORIA .... שגיאה! הסימניה אינה מוגדרת.
ROLLITO/TAZÓN DE PAVO 1322
DIP DE POLLO AL HORNO CON ESPINACAS ... שגיאה! הסימניה אינה מוגדרת.4

POLLO ENTERO CON BONIATOS .... שגיאה! הסימניה אינה מוגדרת.6
CHILI CON FRIJOLES Y POLLO .... שגיאה! הסימניה אינה מוגדרת.8
DELICIAS DE PIMIENTOS RELLENOS 14040
POLLO A LA NARANJA CON GUISANTES......... שגיאה! הסימניה אינה מוגדרת.2
POLLO CON BRÓCOLI Y HIERBAS .... שגיאה! הסימניה אינה מוגדרת.4

CERDO, RES Y CORDERO **1466**
    ALBÓNDIGAS DE RES CON YOGUR.. 1477
    KEBABS DE CORDERO AL AJILLO CON VERDURAS/ARROZ 1499
    CHULETAS DE CERDO A LA CANELA .... שגיאה! הסימניה אינה מוגדרת.
    CORDERO A LA MOSTAZA 1522
    BISTEC CON COL CHINA.. 1544
    CERDO CON MANZANA Y PASAS .... שגיאה! הסימניה אינה מוגדרת.6
    CERDO CON PIÑA Y AGUACATE....................... שגיאה! הסימניה אינה מוגדרת.8
    CHULETAS CON TOMATE A LAS HIERBAS.....שגיאה! הסימניה אינה מוגדרת.60
    CHULETAS DE CERDO AL AJILLO CON ALBAHACA 1622
    FILETE DE CERDO CON NUECES.. 1644
    PASTEL DE CARNE DE RES SIN PAN 1666
    CERDO JALAPEÑO CON CALABACINES... 1688
    CHULETAS CON BAYAS .... שגיאה! הסימניה אינה מוגדרת.
    CORDERO CON COLIFLOR .... שגיאה! הסימניה אינה מוגדרת.2
    CHULETAS A LA PARRILLA CON MENTA 1744
    CHULETA DE CERDO CON BROTES.................. שגיאה! הסימניה אינה מוגדרת.6

PESCADO Y MARISCO **1788**
    CHAMPIÑONES CON CAMARONES 1799
    LUBINA CON ESPINACAS .... שגיאה! הסימניה אינה מוגדרת.1
    BACALAO AL AJILLO 1833
    DELICIA DE BACALAO CON PEPINO .... שגיאה! הסימניה אינה מוגדרת.5
    SALMÓN CON VERDURAS.................................... שגיאה! הסימניה אינה מוגדרת.7
    GAMBAS CON ORÉGANO Y LECHUGA 1899
    SALMÓN A LA MEXICANA CON PIMIENTA ..... שגיאה! הסימניה אינה מוגדרת.1
    PESCADO AL CURRY .... שגיאה! הסימניה אינה מוגדרת.3
    TAZÓN DE SALMÓN CON BRÓCOLI 1955
    BACALAO AL HINOJO .... שגיאה! הסימניה אינה מוגדרת.7
    ABADEJO CON REMOLACHA .... שגיאה! הסימניה אינה מוגדרת.9
    VIEIRAS A LA MIEL... 2011
    SECRETO DE BACALAO CON COL RIZADA .... שגיאה! הסימניה אינה מוגדרת.3
    DELICIOSOS CAMARONES AL COCO 2055
    SORPRESA DE MEJILLONES A LAS HIERBAS 2077

CHILI DE SALMÓN AL COCO 2099
VEGANA Y VEGETARIANA 2111
   COLIFLOR AL COCO CON CURRY 2122
   ENSALADA DE COL RIZADA CON GRANADA 2144
   CHILI DE FRIJOLES NEGROS Y PATATAS 2166
   VERDURAS CON GARBANZOS 2188
   ENSALADA DE EXPLOSIÓN DE FRUTAS 22020
   ENSALADA DE QUINUA Y AGUACATE 2222
   HAMBURGUESAS DE GARBANZOS 2233
   GARBANZOS AL CURRY CON PASAS .... שגיאה! הסימניה אינה מוגדרת.5
   PASTA DE ALFORFÓN DE CALABACÍN .... שגיאה! הסימניה אינה מוגדרת.7
   LENTEJAS CON ARROZ INTEGRAL .... שגיאה! הסימניה אינה מוגדרת.9
   TAZÓN DE ARROZ CON CHAMPIÑONES 2311
   ROLLOS DE LECHUGA Y GARBANZOS .... שגיאה! הסימניה אינה מוגדרת.3
APERITIVOS Y SALSAS 2355
   APERITIVO DE PROSCIUTTO Y AGUACATE .... שגיאה! הסימניה אינה מוגדרת.6
   DIP DE FRIJOLES CON MIEL 2377
   DIP DE PATATAS CON FRIJOLES .... שגיאה! הסימניה אינה מוגדרת.9
   PATATAS FRITAS DE CALABACÍN .... שגיאה! הסימניה אינה מוגדרת.1
   BOCADITOS DE POLLO .... שגיאה! הסימניה אינה מוגדרת.2
   DIP DE ANACARDO Y JENGIBRE 2444
   DELICIA NOCTURNA DE ALFORFÓN .... שגיאה! הסימניה אינה מוגדרת.6
   GARBANZOS CON ESPECIAS 2488
POSTRES 250
   MORA GRANITA .... שגיאה! הסימניה אינה מוגדרת.1
   EXPLOSIÓN DE FRUTAS CON ESPECIAS .... שגיאה! הסימניה אינה מוגדרת.2
   TARTA DE CEREZA 2544
   MOUSSE DE LIMÓN CON COCO .... שגיאה! הסימניה אינה מוגדרת.6
   BARRITAS DE POSTRE DE QUINUA .... שגיאה! הסימניה אינה מוגדרת.8
   DELICIA DE MANZANA Y PERA 260
   SORPRESA DE CALABAZA Y NUECES .... שגיאה! הסימניה אינה מוגדרת.2
   CONCLUSIÓN 2633

INTRODUCCIÓN

Las toxinas son parte integral de nuestro medio ambiente; están presentes en el aire, el agua y simplemente en todas partes. No importa qué tan precavido seas, estas toxinas, alérgenos y contaminantes ambientales encuentran la forma de introducirse en tu cuerpo. La inflamación es una respuesta autoinmune de nuestro cuerpo para combatir estas toxinas y contaminantes.

Agudas y crónicas, dos tipos principales de inflamación que pueden desencadenarse por cientos de factores diferentes. Nuestra salud puede verse gravemente afectada debido a la inflamación crónica y aguda. Cada año, millones de personas son víctimas de la artritis, una importante enfermedad causada por la inflamación del cuerpo. La psoriasis, la colitis ulcerosa, el lupus, la hepatitis, la sinusitis, la artritis, el dolor de las articulaciones, el dolor de garganta, la úlcera péptica, el asma y gripe son otras complicaciones de salud importantes desencadenadas por la inflamación corporal.

No podemos controlar estos alérgenos, toxinas y contaminantes, pero sí podemos controlar lo que comemos. Los alimentos integrales tienen un sorprendente poder curativo para nutrir nuestro cuerpo desde el interior. Los alimentos que combaten la inflamación están nutricionalmente balanceados y juegan un papel vital para mantener a raya los efectos nocivos de la inflamación.

La creciente popularidad de la dieta antiinflamatoria se explica por sí sola dada su capacidad de transformación de la salud. La dieta ha sido el centro de atención de cientos de instituciones de salud y clínicas dietéticas en todo el mundo. La nutrición antiinflamatoria puede ser un área abrumadora para muchas personas. No hay nada complejo en el manejo de la inflamación del cuerpo, puedes realizar fácilmente cambios en la dieta sin cálculos nutricionales complejos.

La dieta antiinflamatoria se enfoca en hacer cambios saludables en tu dieta actual. Incluye frutas saludables, vegetales verdes, aceites para cocinar sanos y grasas saludables para mantener a raya la inflamación. Las siguientes secciones del libro dan unas pinceladas sobre los beneficios para la salud de la dieta, los mejores alimentos para comer, los que deben evitarse y consejos para hacer cambios saludables en el estilo de vida.

Explora recetas nutritivas y de lucha contra la inflamación en este exclusivo libro de cocina antiinflamatorio. Las recetas están llenas de ingredientes saludables y son muy sencillas de preparar en casa. Este libro incluye un plan de dieta de 3 semanas junto con un plan de acción; es muy beneficioso seguir la dieta durante mucho tiempo.

Prepárate para aprender a preparar estas comidas saludables y tomar el control de la inflamación. Son tu secreto para vivir una vida plena y feliz.

UN VISTAZO A UNA DIETA ANTI-INFLAMATORIA

¿QUÉ ES LA INFLAMACIÓN CORPORAL?

La inflamación no es necesariamente algo malo. Como se mencionó anteriormente, es la reacción natural de nuestro cuerpo a los estímulos externos. Se puede desencadenar en muchas formas de estímulos, incluidas bacterias, virus, hongos, productos químicos, alérgenos, toxinas ambientales, ciertos medicamentos y lesiones en cualquier parte del cuerpo. La inflamación también puede desencadenarse por muchos factores del estilo de vida, como la obesidad, el tabaquismo, el consumo excesivo de alcohol, una dieta sin nutrientes y el estrés crónico.

Nuestro sistema inmunitario funciona en coordinación con muchos otros sistemas dentro de nuestro cuerpo. Forman una red interconectada para completar cientos de funciones corporales de rutina. El sistema inmunitario protege nuestro cuerpo de cualquier forma de ataque externo; cuando detecta cualquier posible daño, produce histaminas y otras sustancias para contrarrestarlo. Tal producción de histamina a menudo conduce a dolor, enrojecimiento e hinchazón.

La inflamación del cuerpo es un proceso estrictamente regulado y debe permanecer bajo control. Cuando se sale de control, comienza a poner en riesgo nuestra salud. Puede ser dañino y perjudicial para los tejidos sanos. Por tal razón, la inflamación debería ser temporal y no permanente. Los signos comunes de inflamación incluyen hinchazón, enrojecimiento o sensación de calor alrededor de varias partes del cuerpo y articulaciones. La inflamación también incluye posibles signos de entumecimiento y dolor.

La inflamación aguda es la respuesta natural de nuestro cuerpo para reparar y sanar los tejidos dañados. El objetivo del cuerpo es limpiar rápidamente nuestro cuerpo de estímulos externos. La inflamación aguda es un fenómeno temporal. La inflamación crónica no es temporal; su duración varía desde semanas hasta meses. Si no se controla, puede crear una enorme cantidad de células inmunes, lo que puede conducir al desarrollo de muchas enfermedades graves.

¿POR QUÉ DEBES CONTROLARLA?

Si no se controla o previene, tanto la inflamación aguda como la crónica pueden conducir a trastornos de salud críticos que alteran totalmente tu estilo de vida. Las principales complicaciones críticas incluyen:

- Síndrome del túnel carpiano
- Enfermedad de Alzheimer
- Psoriasis
- Enfermedad de Crohn
- Ataques cardíacos
- Ciertos tipos de cáncer
- Accidentes cerebrovasculares
- Colitis
- Lupus
- Anemia
- Asma
- Diabetes
- Artritis reumatoide

- Depresión (en casos severos)

CONSEJOS INTELIGENTES PARA UN ESTILO DE VIDA SIN INFLAMACIONES

Además de una dieta saludable, puedes hacer cambios pequeños y efectivos en tu estilo de vida para dar un fuerte golpe a los desencadenantes inflamatorios. Estos pequeños cambios ayudan a tu cuerpo a desarrollar una fuerte resistencia contra los ataques externos.

>> HIDRATACIÓN ADECUADA

La importancia del agua en nuestra vida es bien conocida. Nos permite eliminar los productos de desecho (incluidas toxinas y alérgenos) a través de los riñones. El agua es un componente líquido clave que lubrica numerosas articulaciones del cuerpo. Ayuda en gran medida a mantener una salud ideal de las articulaciones del cuerpo. Un estado adecuadamente hidratado de nuestro cuerpo previene el desarrollo de muchas afecciones inflamatorias. Asegúrate de mantener tu cuerpo bien hidratado bebiendo abundante agua todos los días.

Bebe al menos de 6 a 8 vasos de agua todos los días (aproximadamente 1.5 - 2 litros) para garantizar una hidratación corporal óptima. Incluso un nivel de deshidratación leve a moderado puede causar una respuesta inflamatoria o empeorar los síntomas de inflamación.

>> LA GESTIÓN DE LA DIETA

Cuando estás en una misión para vencer la inflamación, se debe adaptar un enfoque dietético inteligente. La clave es lograr el equilibrio adecuado de nutrientes en la dieta diaria.

Antioxidantes

Se encuentran en vegetales y frutas saludables; son útiles para inhibir el daño celular. Protegen contra la inflamación y el desarrollo de la Artritis Reumatoide.

Grasas saludables

Las grasas saludables son parte esencial de cualquier dieta para prevenir la inflamación. Las grasas saludables, incluidos los ácidos grasos omega-3, ayudan a reducir la inflamación. Son capaces de manejar eficazmente los síntomas de la depresión.

Minerales

Las verduras frescas, verduras de hoja verde, nueces, semillas, etc., son ricas en minerales esenciales como zinc, magnesio, potasio y calcio. Los alimentos procesados y los empacados comercialmente carecen de minerales esenciales; contienen gran cantidad de aditivos y conservantes para desencadenar la respuesta inflamatoria. Las prácticas agrícolas modernas también han contribuido en el proceso de desmineralización del suelo. Como resultado, las plantas reciben menos nutrientes del suelo.

Vitaminas

Las vitaminas son importantes promotores de la antioxidación. La vitamina C ayuda a construir colágeno y reparar las articulaciones. Se sabe que la vitamina D mejora la salud ósea y combate la respuesta inflamatoria causada por alérgenos ambientales. La vitamina E ayuda a aumentar la producción de cartílagos esenciales en nuestro cuerpo. La vitamina D, también conocida como la "vitamina del sol", ayuda a suprimir la respuesta autoinmune. Además, ayuda a controlar los síntomas de depresión.

>> EJERCICIO Y SUEÑO

El estilo de vida sedentario definitivamente no es una buena decisión para nadie. Si no se gestiona a tiempo, puede encaminar a muchas complicaciones de salud. Hacer ejercicio/correr de forma leve a moderada es muy útil para mejorar los efectos de la dieta antiinflamatoria. Incluso unos breves 15-30 minutos de ejercicio leve/trote son altamente efectivos. También puedes optar por clases de yoga.

Dale a tu cuerpo un descanso adecuado; dormir es un gran nutriente de tu salud holística. Asegúrate de tener de 7 a 8 horas de sueño relajante todas las noches. Toma una cantidad de horas razonables de sueño. Tu hora de dormir también es un factor importante. Acostúmbrate a apagar todos los dispositivos electrónicos al menos una hora antes de acostarte.

Para mantener una planificación de comidas sin problemas, haz una lista de todos los ingredientes necesarios y cómpralos en una visita a la tienda de comestibles. Los ingredientes que tienen una vida útil más larga se pueden comprar en mayor cantidad.

ALIMENTOS A CONSUMIR

La dieta antiinflamatoria ayuda a calmar la respuesta inmune de nuestro cuerpo a las reacciones alérgicas. Combate los desencadenantes de efectos nocivos por la exposición de toxinas, alérgenos, bacterias, virus y hongos. A continuación tenemos la lista de ingredientes para combatir la inflamación.

- Ácidos grasos Omega-3 (grasas saludables). Se encuentran en huevos, peces capturados en la naturaleza y cortes de carne alimentados con pasto o criados en pastos.

- Nueces y semillas como semillas de girasol, semillas de calabaza, semillas de chía, almendras, nueces, anarcardos, pistachos, etc.

- Cebollas, jengibre, ajo, pimientos, calabaza y puerros.

- Verduras de hoja verde como espinacas, col rizada, brócoli, coliflor, espárragos, col china, etc.

- Hierbas como romero, albahaca, orégano, perejil, etc.

- Todo tipo de bayas, piña, manzana, naranjas, uvas rojas, etc.

- Granos enteros como arroz integral, mijo, quinua y avena.

- Aceites saludables como el aceite de coco, aceite de oliva virgen extra, aceite de aguacate y aceite de sésamo.

- Lentejas, remolacha, aguacate, té verde, coco, champiñones, calabacín y frijoles.

- Especias como la cúrcuma, la canela, la pimienta negra, el comino, etc.

- Bebidas de leche no animal como leche de almendras, leche de coco, etc.

- Vino tinto (con moderación).

- Miel, sirope de arce, chocolate negro y cacao en polvo.

ALIMENTOS A EVITAR

Después de la inflamación, se deben evitar los alimentos desencadenantes. Elimínalos de tu dieta diaria y retíralos de los estantes de la despensa.

- Carnes procesadas: Están cargadas de grasas saturadas (salchichas, perros calientes, hamburguesas, filetes, etc.).

- Grasas poco saludables como manteca, margarina y manteca vegetal.

- Productos con azúcar añadida (excepto las frutas naturales): todos los productos enlatados con azúcares agregados como sopas, frutas enlatadas, yogures, barritas, etc.

- Frutas enlatadas sin endulzar, los tomates, etc. deben consumirse con moderación.

- Bebidas comerciales a base de azúcar, bebidas y zumos de frutas.

- Todos los alimentos procesados y envasados: son ricos en aditivos, colorantes artificiales y conservantes.

- Carbohidratos refinados que incluyen panes blancos, pasta blanca y fideos.

- Alimentos que contienen grasas trans: alimentos procesados comercialmente, alimentos fritos, dulces, helados y productos horneados (galletas, galletas saladas, repostería, pasteles, pastelillos, etc.).

- Bebidas alcohólicas.

PLAN DE DIETA DE 3 SEMANAS Y PLAN DE ACCIÓN

Hacer un plan de dieta perfecto se trata de consumir el desayuno y otras comidas con la mayor variedad posible. Mantiene tu dieta diaria emocionante con varios sabores para disfrutar. El siguiente es un plan de dieta de muestra durante 21 días (3 semanas).

Algunos planes de acción a tener en cuenta.

>> No es obligatorio seguir el siguiente plan de comidas de manera estricta. Si te antojas de una receta en particular en un día determinado, puedes reemplazarla. Tu plan de dieta es perfecto siempre que incluyas recetas antiinflamatorias.

>> Para el almuerzo, el libro incluye muchas recetas de ensaladas y sopas. El almuerzo es una comida ligera y a algunas personas les gusta comer ensalada o sopa. Para simplificarlo, puedes elegir cualquier receta de sopa o ensalada de la lista a continuación. De esa manera, tendrás 3 opciones cada día para elegir para el almuerzo.

Recetas de sopa y ensalada para el almuerzo.

- Ensalada de Frutas
- Ensalada de Aguacate y Quinua
- Ensalada de Col Rizada y Granada
- Ensalada Verde con Pavo
- Ensalada de Acelgas con Pollo
- Ensalada de Espinacas y Pollo

- Sopa de Lentejas y Champiñones
- Sopa de Pollo y Jalapeño
- Sopa de Patata y Brócoli
- Sopa de Tomate y Yogur
- Sopa de Aguacate con Coco
- Sopa de Champiñones y Espinacas

>> Los batidos son algo extra para tomar junto con el desayuno de la mañana. Puedes elegir entre desayuno y batido o solamente desayuno.

>> A muchas personas les gusta tomar solo zumo o batido para desayunar. Tomar solo un batido o zumo para el desayuno también es una opción perfectamente saludable.

>> Las entradas y acompañantes son totalmente opcionales. A algunas personas les gusta comer algunas verduras junto con sus comidas. Depende totalmente de tu preferencia.

>> Los refrigerios y los postres también son opcionales. Merendar entre el almuerzo y la cena es algo opcional.

>> Los postres dependen de tus antojos. Puedes tomar postre según tu preferencia.

Día 1	
Desayuno	Panqueques de Banana y Canela y/o Batido de Menta Veraniego
Aperitivo/Acompañante	Picadera de Salmón
Almuerzo	Albóndigas de ternera con yogur o ensalada o sopa de tu elección
Merienda	Dip de Anacardo y Jengibre
Cena	Estofado de Cerdo con Chile o Cerdo Jalapeño con Calabacín o Salmón con Chile y Coco
Postre	Barritas de Postre de Quinua

Día 2	
Desayuno	Frittata de setas y espinacas y/o Batido de Col Rizada y Pistacho
Aperitivo/Acompañante	Sésamo con Col China
Almuerzo	Pollo Italiano Clásico con Especias o tu elección de sopa o ensalada
Merienda	Chips de Calabacín
Cena	Sopa de Pollo con Verduras o Cerdo con Piña y Aguacate
Postre	Mousse de Coco al Limón

Día 3	
Desayuno	Avena al Jengibre y/o Batido de Yogur con Higos
Aperitivo/Acompañante	Remolacha al Horno
Almuerzo	Brochetas de Cordero al Ajillo con Verduras/Arroz o tu elección de sopa o ensalada
Merienda	Judías con Patatas
Cena	Pastel de Carne de Res sin Pan o Sorpresa de Mejillones a Base de Hierbas
Postre	Tarta de Cereza
Día 4	
Desayuno	Chía Fresa y/o Zumo de Piña con Zanahoria
Aperitivo/Acompañante	Champiñones Rellenos de Espinacas
Almuerzo	Camarones Champiñones Calabaza o tu elección de ensalada o sopa
Merienda	Dip de Frijoles con Miel
Cena	Estofado de Patata y atún o Filete de Cerdo con Nueces
Postre	Explosión de Frutas con Especias

Día 5	
Desayuno	Desayuno de Huevo y Pimienta y/o Batido de Calabaza y Canela
Aperitivo/Acompañante	Aperitivos de Patata y Calabacín
Almuerzo	Pollo con Arroz Integral o tu elección de sopa o ensalada
Merienda	Aperitivo de Jamón y Aguacate
Cena	Pollo Bruselas o Patatas con Chili de Frijoles Negros
Postre	Mora Granita

Día 6	
Desayuno	Crepes de Coco y/o Batido de Calabaza y Canela
Aperitivo/Acompañante	Coliflor al Ajillo
Almuerzo	Pollo con Arroz Integral / Tazón de Brocoli con Salmón o tu elección de sopa o ensalada
Merienda	Bocaditos de Pollo
Cena	Pollo a la Naranja con Guisantes o Deliciosas Gambas al Coco
Postre	Delicia de Manzana y Pera

Día 7	
Desayuno	Granola de Avena y Manzana y/o Batido de Aguacate con Cacao
Aperitivo/Acompañante	Empanadillas de Lentejas y Patatas
Almuerzo	Rollos de Lechuga y Garbanzos o tu elección de sopa o ensalada
Merienda	Delicia Nocturna de Alforfón
Cena	Chuletas de Cerdo al Ajillo con Albahaca o Sopa de Pescado y Gambas
Postre	Sorpresa de Calabaza y Nueces

Día 8	
Desayuno	Panqueques Clásicos con Banana y Almendras y/o Batido de Yogur con Higos
Aperitivo/Acompañante	Aperitivos de Patata y Calabacín
Almuerzo	Chuletas de Cerdo a la Canela o tu elección de sopa o ensalada
Merienda	Bocaditos de Pollo
Cena	Cuscús con Pollo y Zanahoria o Secreto de Bacalao con Col Rizada
Postre	Mousse de Limón con Coco

Día 9	
Desayuno	Tazón de Quinua y Arándanos y/o Batido de Menta Veraniego
Aperitivo/Acompañante	Champiñones Rellenos de Espinacas
Almuerzo	Rollito/Tazón de Pavo o tu elección de sopa o ensalada
Merienda	Aperitivo de Prosciutto y Aguacate
Cena	Chuletas con Bayas o Chuletas con Tomate a las Hierbas
Postre	Barritas de Postre de Quinua

Día 10	
Desayuno	Frittata de Espinacas y Queso Cheddar y/o Batido de Col Rizada y Pistacho
Aperitivo/Acompañante	Mordiscos de Remolacha al Horno
Almuerzo	Corvina con Espinacas o tu elección de sopa o ensalada
Merienda	Patatas Fritas de Calabacín
Cena	Estofado de Pollo y Alcachofa o Garbanzos con Pasas al Curry
Postre	Delicia de Manzana y Pera

Día 11	
Desayuno	Avena con Jengibre y/o Leche Caliente con Cúrcuma y Canela
Aperitivo/Acompañante	Aperitivo de Col China con Sésamo
Almuerzo	Gambas con Orégano y Lechuga / Salmón a la Pimienta Mexicana o tu elección de sopa o ensalada
Merienda	Dip de Patatas con Frijoles
Cena	Dip de Pollo al Horno con Espinacas o Vieiras a la Miel
Postre	Sorpresa de Calabaza y Nueces

Día 12	
Desayuno	Panqueques de Banana y Canela y/o Batido de Col Rizada y Pistacho
Aperitivo/Acompañante	Coliflor al Ajo
Almuerzo	Tazón de Arroz con Champiñones o tu elección de sopa o ensalada
Merienda	Dip de Frijoles con Miel
Cena	Sopa de Pescado y Gambas o Chili con Frijoles y Pollo
Postre	Mora Granita

Día 13	
Desayuno	Frittata de Setas y Espinacas y/o Zumo de Piña con Zanahoria
Aperitivo/Acompañante	Bocaditos de Salmón
Almuerzo	Cordero a la Mostaza o tu elección de sopa o ensalada
Merienda	Patatas Fritas de Calabacín
Cena	Estofado de Vieiras y Gambas o Cordero con Coliflor o Cerdo con Piña y Aguacate
Postre	Explosión de Frutas con Especias

Día 14	
Desayuno	Gachas con Chía y Cáñamo y/o Batido de Col Rizada y Pistacho
Aperitivo/Acompañante	Empanadillas de Lentejas y Patatas
Almuerzo	Bacalao al Ajillo o tu elección de sopa o ensalada
Merienda	Dip de Patatas con Frijoles
Cena	Pollo Entero con Boniatos o Abadejo con Remolacha
Postre	Tarta de Cereza

Día 15	
Desayuno	Desayuno de Huevo y Pimienta y/o Batido de Menta Veraniego
Aperitivo/Acompañante	Aperitivo de Tomate y Ajo
Almuerzo	Coliflor con Coco al Curry o tu elección de sopa o ensalada
Merienda	Dip de Anacardo y Jengibre
Cena	Pollo Bruselas o Pasta de Alforfón de Calabacín
Postre	Mousse de Limón con Coco

Día 16	
Desayuno	Desayuno Chía Fresa y/o Leche Caliente con Cúrcuma y Canela
Aperitivo/Acompañante	Espárragos Increíbles
Almuerzo	Cazuela de Pollo y Brócoli o tu elección de sopa o ensalada
Merienda	Delicia Nocturna de Alforfón
Cena	Sopa de Brotes de Cerdo o Chuletas a la Parrilla con Menta o Cerdo con Manzana y Pasas
Postre	Barritas de Postre de Quinua

Día 17	
Desayuno	Crepes de Coco y/o Batido de Yogur con Higos
Aperitivo/Acompañante	Aperitivo de Col Rizada al Ajo
Almuerzo	Delicia de Bacalao con Pepino o tu elección de sopa o ensalada
Merienda	Garbanzos con Especias
Cena	Chili con Frijoles y Pollo o Bistec con Col China
Postre	Delicia de Manzana y Pera

Día 18	
Desayuno	Granola de Avena y Manzana y/o Batido de Aguacate con Cacao
Aperitivo/Acompañante	Aperitivos de Patata y Calabacín
Almuerzo	Empanadillas de Garbanzos o tu elección de sopa o ensalada
Merienda	Bocaditos de Pollo
Cena	Pollo con Brócoli y Hierbas o Bacalao al Hinojo
Postre	Sorpresa de Calabaza y Nueces

Día 19	
Desayuno	Panqueques Clásicos con Banana y Almendras y/o Batido de Calabaza y Canela
Aperitivo/Acompañante	Champiñones Rellenos de Espinacas
Almuerzo	Chuletas de Cerdo a la Canela o tu elección de sopa o ensalada
Merienda	Aperitivo de Prosciutto y Aguacate
Cena	Sopa de Pollo con Frijoles Blancos o Delicia de Pimientos Rellenos
Postre	Mora Granita

Día 20	
Desayuno	Panqueques Clásicos con Banana y Almendras y/o Batido de Remolacha y Cereza
Aperitivo/Acompañante	Mordiscos de Remolacha al Horno
Almuerzo	Salmón con Verduras o tu elección de sopa o ensalada
Merienda	Dip de Frijoles con Miel
Cena	Chuleta de Cerdo con Brotes o Lentejas con Arroz Integral
Postre	Explosión de Frutas con Especias

Día 21	
Desayuno	Tazón de quinua y arándanos y/o Batido Rojo Exuberante de Piña
Aperitivo/Acompañante	Aperitivo de Col China con Sésamo
Almuerzo	Vegetales con Garbanzos o tu elección de sopa o ensalada
Merienda	Patatas Fritas de Calabacín
Cena	Estofado de Cerdo con Berenjenas o Pollo a la Naranja con Guisantes o Pescado al Curry
Postre	Tarta de Cereza

Desayunos y Batidos

Frittata de Setas y Espinacas

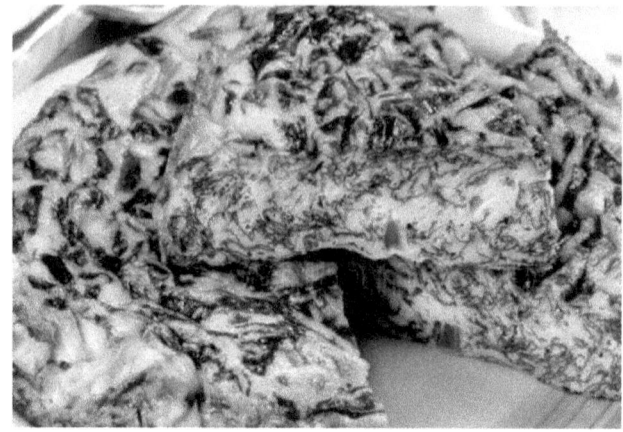

Tiempo de Preparación: 25 minutos

Tamaño de Porción: 4

Tipo de Dieta: Sin Gluten, Sin Soya, Sin Lácteos, Sin Nueces

Ingredientes:

- 2 cucharadas de aceite de coco o aguacate
- 8 huevos
- 2 puerros, picados muy finos
- ½ cucharadita de ajo en polvo
- ½ cucharadita de albahaca seca
- 1 taza de champiñones cremini (cortados en rodajas)
- 1 taza de hojas de espinaca baby
- Pimienta negra molida al gusto
- ¾ cucharadita de sal

Modo de Preparación:

1. Precalienta el horno a 400°F.
2. Toma una sartén a prueba de horno o una cacerola (tamaño grande). En la sartén o cacerola, calienta el aceite a fuego medio-alto.
3. Añade y saltea los puerros durante aproximadamente 5 minutos hasta que se ablanden.
4. Toma un tazón, bate los huevos. Agrega la sal, el ajo en polvo y la albahaca; mezcla bien.
5. Agrega la mezcla del tazón sobre los puerros; revuelve durante 4-5 minutos.
6. Agrega las espinacas y los champiñones; mezcla bien. Sazona con pimienta negra.
7. Coloca la sartén/cacerola en el horno. Hornea durante 10 minutos o hasta que los huevos estén bien cocidos.
8. Repártelo en platos y sirve caliente.

Valores Nutricionales (Por porción):

Calorías 264, Grasa16g, Carbohidratos 17g, Fibra 3g, Proteína 19g

Panqueques de Plátano y Canela

Tiempo de Preparación: 15 minutos

Tamaño de Porción: 2

Tipo de Dieta: Sin Gluten, Sin Lácteos, Sin Soya, Sin Nueces

Ingredientes:

- 2 huevos
- 1 clara de huevo
- 1 taza de copos de avena
- 1 banana madura, pelada
- 2 cucharaditas de canela molida
- 1 cucharadita de extracto de vainilla
- ½ cucharadita de sal
- 1 cucharada de aceite de coco

Modo de Preparación:

1. En una licuadora, agrega la avena y muele para hacer una harina gruesa. Agrega la clara de huevo, plátano, huevos, canela, vainilla y sal. Mezcla para hacer una masa suave.

2. En una sartén (también puedes usar una cacerola); calienta ½ cucharada de aceite a fuego medio en la estufa.

3. Agrega la mitad de la masa a la sartén y esparece uniformemente. Cocina por alrededor de 2 minutos hasta que se formen pequeñas burbujas. Da la vuelta y cocina el otro lado durante unos 2 minutos.

4. Repite lo mismo con la masa restante y sirve caliente.

Valores Nutricionales (Por porción):

Calorías 248, Grasa 7g, Carbohidratos 31g, Fibra 8g, Proteína 12g

Avena con Jengibre

Tiempo de Preparación: 15-20 minutos

Tamaño de Porción: 4

Tipo de Dieta: Sin Gluten, Sin Lácteos, Sin Soya, Sin Nueces, Vegana, Vegetariana

Ingredientes:

- ¼ cucharadita de cilantro molido
- 1½ cucharadas de canela en polvo
- ¼ cucharadita de clavo molido
- 1 taza de avena, corte de acero
- 4 tazas de agua
- ¼ cucharadita de pimienta de Jamaica molida
- ¼ cucharadita de cardamomo molido
- ¼ cucharadita de jengibre rallado
- Una pizca de nuez moscada molida

Modo de Preparación:

1. En una sartén (también puedes usar una cacerola); calienta el agua a fuego medio en la estufa.
2. Agrega la avena y remueve la mezcla.

3. Agrega los clavos, el jengibre, la pimienta de Jamaica, el cilantro, la canela, el cardamomo y la nuez moscada, revuelve y cocina por 15 minutos.
4. Agrega en tazones y sírvelo caliente.

Valores Nutricionales (Por porción):

Calorías 179, Grasa 3g, Carbohidratos 13g, Fibra 5g, Proteína 6g

Leche Caliente con Cúrcuma y Canela

Tiempo de Preparación: 5 minutos

Tamaño de Porción: 2

Tipo de Dieta: Sin Gluten, Sin Lácteos, Sin Soya, Vegana, Vegetariana

Ingredientes:

- ¼ cucharadita de jengibre molido
- 1½ cucharadita de cúrcuma en polvo
- 1½ tazas de leche de coco
- 1½ tazas de leche de almendra
- 1 cucharada de aceite de coco
- ¼ cucharadita de canela en polvo

Modo de Preparación:

1. En una sartén (también puedes usar una cacerola); calienta las leches a fuego medio.
2. Agrega el jengibre, el aceite, la cúrcuma y la canela; revuelve y cocina por 5 minutos.
3. Sírvelo caliente.

Valores Nutricionales (Por porción):

Calorías 168, Grasa 3g, Carbohidratos 7g, Fibra 4g, Proteína 6g

Frittata de Espinacas y Queso Cheddar

Tiempo de Preparación: 35 minutos

Tamaño de Porción: 4

Tipo de Dieta: Sin Gluten, Sin Soya

Ingredientes:

- ¼ taza de leche de coco
- 1 cebolla amarilla picada
- 4 onzas de champiñones blancos (cortados en rodajas)
- 2 cucharadas de aceite de oliva
- 2 tazas de espinacas picadas
- 1 taza de queso cheddar (rallado o en polvo)
- 6 huevos
- Una pizca de pimienta negra (molida) y sal

Modo de Preparación:

1. En una sartén (también puedes usar una cacerola); calienta el aceite a fuego medio en la estufa.
2. Agrega las cebollas, revuelve la mezcla y cocina mientras mueves durante aproximadamente 3 minutos hasta que se ablanden.
3. Agrega los champiñones, sal y pimienta, revuelve y cocina durante 2 minutos más.

4. En un tazón (tamaño mediano), mezcla los huevos, el queso, la pimienta y la sal. Agrega la mezcla sobre los champiñones.
5. Añade las espinacas, remueve la mezcla.
6. Precalienta el horno a 360°F.
7. Coloca la sartén en el horno. Hornea durante 25 minutos. Corta y sirve la frittata.

Valores Nutricionales (Por porción):

Calorías 204, Grasa 3g, Carbohidratos 16g, Fibra 6g, Proteína 6g

Tazón de Quinua y Arándanos

Tiempo de Preparación: 5 minutos

Tamaño de Porción: 2

Tipo de Dieta: Sin Gluten, Sin Lácteos, Sin Soya, Vegetariana

Ingredientes:

- 2 tazas de quinua cocida
- ¼ taza de nueces picadas y tostadas
- 1 taza de leche de anacardo o almendras, tibia
- 1 taza de arándanos
- 2 cucharaditas de miel cruda
- ½ cucharadita de canela en polvo
- 1 cucharada de semillas de chía

Modo de Preparación:

1. En un tazón (tamaño mediano), mezcla la leche tibia con las nueces, miel, arándanos, quinua, canela y semillas de chía.
2. Mézclalo bien.
3. Agrega en tazones y sirve.

Valores Nutricionales (Por porción):

Calorías 146, Grasa 2g, Carbohidratos 14g, Fibra 5g, Proteína 6g

Panqueques Clásicos de Banana y Almendras

Tiempo de Preparación: 10-15 minutos

Tamaño de Porción: 4

Tipo de Dieta: Sin Gluten, Sin Lácteos, Sin Soya

Ingredientes:

- 1 cucharadita de bicarbonato de sodio
- 3 huevos batidos
- ½ taza de harina de almendras
- ¼ taza de harina de coco
- 2 bananas peladas y machacadas
- 1 cucharadita de extracto puro de vainilla
- 1 cucharada de aceite de coco
- Sirope de arce puro al gusto (opcional)

Modo de Preparación:

1. En un tazón (tamaño mediano), mezcla las harinas y el bicarbonato de sodio hasta que estén bien mezclados.
2. Haz un espacio en el centro y agrega los plátanos, los huevos y la vainilla. Remueve la mezcla nuevamente.
3. En una sartén (también puedes utilizar una olla); calienta en la estufa 1/4 de aceite a fuego medio.
4. Vierte ¼ de taza de masa y extiende uniformemente.
5. Cocina durante unos 3 minutos, hasta que se formen burbujas en la superficie. Da la vuelta y cocina por unos 2 minutos más.
6. Repite con la masa restante. Sírvelo rociado de sirope de arce.

Valores Nutricionales (Por porción):

Calorías 127, Grasa 7g, Carbohidratos 9g, Fibra 3g, Proteína 5g

Granola de Avena y Manzana

Tiempo de Preparación: 45 minutos

Tamaño de Porción: 6

Tipo de Dieta: Sin Gluten, Sin Lácteos, Sin Soya, Sin Nueces, Vegana, Vegetariana

Ingredientes:

- 1 taza de semillas de girasol
- 1 taza de semillas de calabaza
- 2 tazas de avena
- 1 taza de alforfón
- 1 taza de puré de manzana
- 1½ tazas de dátiles, sin hueso y picado
- 6 cucharadas de aceite de coco
- 5 cucharadas de cacao en polvo
- 1 cucharadita de jengibre (rallado o en polvo)

Modo de Preparación:

1. Precalienta el horno a 360°F.
2. En un tazón, mezcla los dátiles, puré de manzana, aceite, alforfón, avena, semillas, cacao en polvo y jengibre.

3. Coloca sobre una bandeja cubierta con papel de hornear, presiona bien para que tenga un grosor uniforme.
4. Hornea durante 45 minutos o hasta que se cocine bien.
5. Rebana y sírvelo caliente.

Valores Nutricionales (Por porción):

Calorías 168, Grasa 3g, Carbohidratos 12g, Fibra 3g, Proteína 7g

Crepes de Coco

Tiempo de Preparación: 20-25 minutos

Tamaño de Porción: 4

Tipo de Dieta: Sin Gluten, Sin Lácteos, Sin Soya

Ingredientes:

- ½ taza de leche de almendra
- ½ taza de agua
- 2 huevos
- 1 cucharadita de extracto de vainilla
- 2 cucharadas de sirope de arce o néctar de agave
- 1 taza de harina de coco
- 3 cucharadas de aceite de coco

Modo de Preparación:

1. En un tazón (tamaño mediano), bate los huevos. Añade el extracto de vainilla, leche, agua y edulcorante. Bate bien la mezcla.
2. Agrega la harina y 1 cucharada de aceite; mezcla hasta logar una masa suave.
3. En una sartén (también puedes utilizar una olla) calienta ¼ cucharada de aceite a fuego medio en la estufa.
4. Vierte ¼ de taza de masa y extiende uniformemente.

5. Cocina hasta que se vuelva marrón claro. Da la vuelta y cocina hasta que se vuelva marrón claro.
6. Repite con la masa restante.

Valores Nutricionales (Por porción):

Calorías 132, Grasa 3g, Carbohidratos 13g, Fibra 5g, Proteína 6g

Chía Fresa

Tiempo de Preparación: 30 minutos

Tamaño de Porción: 4

Tipo de Dieta: Sin Gluten, Sin Lácteos, Sin Soya, Vegetariana

Ingredientes:

- 1 cucharadita de extracto puro de vainilla
- ¼ taza de semillas de chía
- ¼ taza de coco rallado, sin azúcar
- ¾ taza de agua

- ¾ taza de leche de almendras sin azúcar
- 2 cucharadas de miel cruda
- ½ taza de fresas, en láminas

Modo de Preparación:

1. En un tazón (tamaño mediano), mezcla el agua, leche y vainilla.
2. Añade las semillas de chía y mezcla bien. Cubre el tazón y refrigera durante 30 minutos o toda la noche.
3. Mezcla el coco y la miel.
4. Agrega la gacha en tazones para servir. Sirve cubierto con las fresas.

Valores Nutricionales (Por porción):

Calorías 123, Grasa 7g, Carbohidratos 14g, Fibra 5g, Proteína 2g

Desayuno de Huevo y Pimienta

Tiempo de Preparación: 5 minutos

Tamaño de Porción: 2

Tipo de Dieta: Sin Gluten, Sin Lácteos, Sin Soya, Sin Nueces

Ingredientes:

- Una pizca de ajo en polvo
- Una pizca de pimienta negra (molida) y sal
- 1 cucharada de aceite de oliva
- ½ taza de cebollas amarillas picadas
- ½ taza de pimiento rojo picado
- 2 huevos

Modo de Preparación:

1. En una sartén (también puedes usar una cacerola) calienta el aceite a fuego medio en la estufa.
2. Añade las cebollas, remueve la mezcla y cocina mientras revuelves durante aproximadamente 2-3 minutos hasta que se ablande.
3. Añade el pimiento morrón, ajo en polvo, sal y pimienta, remueve y cocina durante 2-3 minutos más.
4. Añade los huevos, remueve hasta que los huevos estén bien cocinados. Sírvelo caliente.

Valores Nutricionales (Por porción):

Calorías 216, Grasa 6g, Carbohidratos 14g, Fibra 7g, Proteína 11g

Gachas con Chía y Cáñamo

Tiempo de Preparación: 15 minutos

Tamaño de Porción: 2

Tipo de Dieta: Sin Gluten, Sin Lácteos, Sin Soya, Vegana, Vegetariana

Ingredientes:

- 2 cucharadas de semillas de chía
- 1 taza de leche de almendras
- ¼ taza de leche de coco
- ¼ taza de nueces picadas y tostadas
- 2 cucharadas de semillas de cáñamo, tostadas
- ¼ taza de coco, rallado y tostado
- 1 cucharada de aceite de coco
- ¼ taza de mantequilla de almendras
- ½ cucharadita de cúrcuma en polvo
- Una pizca de pimienta negra

Modo de Preparación:

1. En una sartén (también puedes usar una cacerola); calentar las leches a fuego medio.
2. Añade las nueces, semillas, coco, cúrcuma, pimienta negra; remueve y cuece durante aproximadamente 4-5 minutos.

3. Añade el aceite de coco y la mantequilla de almendras, remueve la mezcla y enfría durante 5 minutos.
4. Sirve y disfruta.

Valores Nutricionales (Por porción):

Calorías 148, Grasa 11g, Carbohidratos 16g, Fibra 6g, Proteína 11g

Batido de Col Rizada y Pistacho

Tiempo de Preparación: 5 minutos

Tamaño de Porción: 2

Tipo de Dieta: Sin Gluten, Sin Lácteos, Sin Soya, Vegana, Vegetariana

Ingredientes:

- 2 bananas congeladas, cortada en trozos
- ½ taza de pistachos sin cáscara
- 1 taza de leche de almendras sin azúcar
- 1 taza de col rizada cortada
- 2 cucharadas de sirope de arce puro
- 1 cucharadita de extracto puro de vainilla
- 3-4 cubitos de hielo (opcional)

Modo de Preparación:

1. Toma una licuadora de alta velocidad (también puedes utilizar un procesador de alimentos) y abre la tapa superior.
2. Añade la leche y los otros ingredientes. Añade cubitos de hielo si te gusta tu batido helado.
3. Licúa los ingredientes a velocidad alta para obtener una textura similar a la de un batido.
4. Añade la mezcla en un vaso y disfruta del batido.

Valores Nutricionales (Por porción):

Calorías 278, Grasa 4g, Carbohidratos 41g, Fibra 5g, Proteína 6g

Batido de Menta Veraniego

Tiempo de Preparación: 5 minutos

Tamaño de Porción: 2

Tipo de Dieta: Sin Gluten, Sin Lácteos, Sin Soya, Sin Nueces, Vegetariana

Ingredientes:

- 1 banana cortada en trozos
- ½ aguacate
- 1 taza de leche de coco
- 1 taza de hojas de espinaca fresca

- ½ pepino inglés cortado en trozos
- 2 cucharadas de menta fresca picada
- 1 cucharada de zumo de limón
- 1 cucharada de miel cruda
- 3-4 cubitos de hielo (opcional)

Modo de Preparación:

1. Toma una licuadora de alta velocidad (también puedes utilizar un procesador de alimentos) y abre la tapa superior.
2. Añade la leche y los otros ingredientes. Añade cubitos de hielo si te gusta tu batido helado.
3. Licúa los ingredientes a velocidad alta para obtener una textura similar a la de un batido.
4. Añade la mezcla en vasos y disfruta de la rica bebida.

Valores Nutricionales (Por porción):

Calorías 384, Grasa 21g, Carbohidratos 32g, Fibra 9g, Proteína 6g

Batido de Yogur con Higos

Tiempo de Preparación: 5 minutos

Tamaño de Porción: 2

Tipo de Dieta: Sin Gluten, Sin Lácteos, Sin Soya, Vegetariana

Ingredientes:

- 1 taza de yogur natural entero
- 1 taza de leche de almendras
- 6-7 higos enteros cortados por la mitad
- 1 banana cortada en trozos
- 1 cucharada de mantequilla de almendras (opcional)
- 1 cucharadita de linaza molida
- 1 cucharadita de miel cruda
- Cubitos de hielo (opcional)

Modo de Preparación:

1. Toma una licuadora de alta velocidad (también puedes utilizar un procesador de alimentos) y abre la tapa superior.
2. Añade la leche, el yogur y los demás ingredientes. Añade cubitos de hielo si prefieres tu batido helado.
3. Licúa los ingredientes a alta velocidad para obtener una textura similar a un licuado.

4. Añade la mezcla en vasos y disfruta del batido fresco.

Valores Nutricionales (Por porción):

Calorías 258, Grasa 2g, Carbohidratos 48g, Fibra 9g, Proteína 8g

Batido de Aguacate con Cacao

Tiempo de Preparación: 5 minutos

Tamaño de Porción: 2

Tipo de Dieta: Sin Gluten, Sin Lácteos, Sin Soya, Vegetariana

Ingredientes:

- ½ aguacate, picado y cortado por la mitad
- ½ banana, cortada en trozos
- 1 taza de leche de almendras sin azúcar
- 1 taza de col rizada cortada
- 1 cucharada de aceite de coco
- 1 cucharada de miel cruda
- 1 cucharadita de extracto puro de vainilla
- 2 cucharadas de cacao en polvo
- 4 cubitos de hielo

Modo de Preparación:

1. Toma una licuadora de alta velocidad (también puedes utilizar un procesador de alimentos) y abre la tapa superior.
2. Añade la leche y los demás ingredientes. Añade cubitos de hielo si prefieres tu batido helado.

3. Licúa los ingredientes a velocidad alta para obtener una textura similar a un licuado.
4. Vierte la mezcla en vasos y disfruta del batido fresco.

Valores Nutricionales (Por porción):

Calorías 286, Grasa 19g, Carbohidratos 25g, Fibra 5g, Proteína 3g

Batido de Calabaza y Canela

Tiempo de Preparación: 5 minutos

Tamaño de Porción: 2

Tipo de Dieta: Sin Gluten, Sin Lácteos, Sin Soya, Vegana, Vegetariana

Ingredientes:

- 1 cucharada de sirope de arce
- 1 cucharadita de jengibre (rallado o en polvo)
- 1 taza de leche de almendras sin azúcar
- 1 taza de puré de calabaza

- ¼ cucharadita de canela molida
- ⅛ cucharadita de nuez moscada molida
- Pizca de clavo molido
- Pizca de cardamomo molido
- 4 cubitos de hielo

Modo de Preparación:

1. Toma una licuadora de alta velocidad (también puedes utilizar un procesador de alimentos) y abre la tapa superior.
2. Añade la leche y los demás ingredientes. Añade cubitos de hielo si prefieres tu batido helado.
3. Licúa los ingredientes a velocidad alta para obtener una textura similar a un licuado.
4. Vierte la mezcla en vasos y disfruta del batido fresco.

Valores Nutricionales (Por porción):

Calorías 84, Grasa 2g, Carbohidratos 17g, Fibra 4g, Proteína 2g

Zumo de Zanahoria con Piña

Tiempo de Preparación: 5 minutos

Tamaño de Porción: 2

Tipo de Dieta: Sin Gluten, Sin Lácteos, Sin Soya, Sin Nueces, Vegana, Vegetariana

Ingredientes:

- 8 zanahorias, peladas y picadas
- 3 tazas de piña fresca picada
- ¼ taza de agua
- 1 pieza (1 pulgada) de jengibre pelado
- Cubitos de hielo, para servir

Modo de Preparación:

1. Toma una licuadora de alta velocidad (también puedes utilizar un procesador de alimentos) y abre la tapa superior.
2. Añade la leche y los demás ingredientes.
3. Mezcla los ingredientes a alta velocidad hasta lograr una mezcla suave.
4. Cuela la mezcla con una estopilla en un tazón grande. Exprime a través de la estopilla.
5. Vierte la mezcla colada en vasos, agrega los cubitos de hielo (opcional) y disfruta del zumo fresco.

Valores Nutricionales (Por porción):

Calorías 124, Grasa 1g, Carbohidratos 38g, Fibra 2g, Proteína 3g

Batido de Remolacha y Cereza

Tiempo de Preparación: 5 minutos

Tamaño de Porción: 2

Tipo de Dieta: Sin Gluten, Sin Lácteos, Sin Soya, Vegana, Vegetariana

Ingredientes:

- ½ banana, cortada en trozos
- ½ taza de cerezas, sin hueso
- 10 onzas de leche de almendras
- 2 remolachas, peladas y cortadas en trozos pequeños
- 1 cucharada de mantequilla de almendras
- 3-4 cubitos de hielo (opcional)

Modo de Preparación:

1. Toma una licuadora de alta velocidad (también puedes utilizar un procesador de alimentos) y abre la tapa superior.
2. Añade la leche y los otros ingredientes. Añade cubitos de hielo si lo prefieres helado.
3. Licúa los ingredientes a velocidad alta para obtener una textura similar a un licuado.
4. Sirve la mezcla en vasos y disfruta del batido fresco.

Valores Nutricionales (Por porción):

Calorías 156, Grasa 5g, Carbohidratos 12g, Fibra 5g, Proteína 6g

Batido Rojo de Piña Exuberante

Tiempo de Preparación: 5 minutos

Tamaño de Porción: 2

Tipo de Dieta: Sin Gluten, Sin Lácteos, Sin Soya, Sin Nueces, Vegana, Vegetariana

Ingredientes:

- 1 banana, cortada en trozos
- ½ taza de frambuesas frescas
- 1 taza de agua de coco
- ½ taza de zumo de piña sin azúcar
- ½ taza de coco rallado sin azúcar
- 3-4 cubitos de hielo

Modo de Preparación:

1. Toma una licuadora de alta velocidad (también puedes utilizar un procesador de alimentos) y abre la tapa superior.
2. Añade el agua de coco y los demás ingredientes. Añade cubitos de hielo si lo prefieres helado.
3. Licúa los ingredientes a velocidad alta para obtener una textura similar a un licuado.
4. Añade la mezcla en vasos y disfruta del batido fresco.

Valores Nutricionales (Por porción):

Calorías 214, Grasa 9g, Carbohidratos 28g, Fibra 7g, Proteína 3g

Entradas y Acompañantes

Aperitivos de Patata y Calabacín

Tiempo de Preparación: 30 minutos

Tamaño de Porción: 4

Tipo de Dieta: Sin Gluten, Sin Lácteos, Sin Soya, Sin Nueces, Vegana, Vegetariana

Ingredientes:

- 1 pimiento amarillo, cortado en cubitos pequeños
- 2 calabacines, cortados en cubitos pequeños
- 1 pimiento rojo, cortado en cubitos pequeños
- 1 cebolla roja, cortada en cubitos pequeños
- 1 boniato, cortado en cubitos pequeños
- 4 dientes de ajo
- ¼ taza de aceite de oliva extra virgen
- 1 cucharadita de sal

Modo de Preparación:

1. Precalienta el horno a 450°F. Cubre una bandeja de horno con papel de hornear.
2. En un tazón grande, mezcla los calabacines, pimiento rojo, pimiento amarillo, cebolla, aceite de oliva, boniato, ajo y la sal.
3. Coloca uniformemente en la hoja.
4. Hornea durante 25 minutos, moviendo a mitad de tiempo. Sírvelo caliente.

Valores Nutricionales (Por porción):

Calorías 176, Grasa 12g, Carbohidratos 16g, Fibra 3g, Proteína 2g

Champiñones Rellenos de Espinacas

Tiempo de Preparación: 35-40 minutos

Tamaño de Porción: 12

Tipo de Dieta: Sin Gluten, Sin Lácteos, Sin Soya, Sin Nueces, Vegana, Vegetariana

Ingredientes:

- 2 libras de cabezas de champiñones, reserva los tallos
- 3 dientes de ajo picados
- 2 tazas de espinacas picadas
- 1 cucharada de aceite de oliva
- 2 pimientos rojos pequeños, picados

- 1 cebolla amarilla pequeña, picada
- Pimienta negra molida y sal al gusto
- ¼ taza de perejil picado

Modo de Preparación:

1. Precalienta el horno a 350°F. Cubre una bandeja de horno con papel de hornear.
2. En una sartén (también puedes usar una cacerola); calienta el aceite a fuego medio en la estufa.
3. Añade los champiñones, remueve y cocina durante 2 minutos. Resérvalos.
4. En la sartén, añade el pimiento morrón, ajo, perejil, espinacas, sal, pimiento y cebolla; remueve y cuece durante 5-6 minutos.
5. Rellena cada champiñón con la mezcla de espinacas.
6. Colócalos en una bandeja para hornear forrada; hornea durante 20 minutos y sírvelo caliente.

Valores Nutricionales (Por porción):

Calorías 132, Grasa 8g, Carbohidratos 9g, Fibra 4g, Proteína 9g

Mordiscos de Remolacha al Horno

Tiempo de Preparación: 30 minutos

Tamaño de Porción: 6

Tipo de Dieta: Sin Gluten, Sin Lácteos, Sin Soya, Sin Nueces, Vegetariana

Ingredientes:

- ½ cebolla amarilla, en rodajas
- 4 remolachas doradas medianas, peladas y cortadas en cubitos pequeños
- 4 remolachas rojas medianas, peladas y cortadas en cubitos pequeños
- ½ taza de vinagre de sidra de manzana
- ½ taza de aceite de oliva extra virgen
- 2 cucharadas de miel cruda
- ¼ cucharadita de sal
- Pimienta negra fresca molida

Modo de Preparación:

1. Precalienta el horno a 450°F. Cubre una bandeja de horno con papel de hornear.
2. Organiza las remolachas y cebolla; rocía con el vinagre, miel y aceite de oliva.
3. Espolvorea la pimienta y la sal.
4. Hornea durante 25 minutos o hasta que las remolachas se caramelicen.

5. Sírvelo caliente.

Valores Nutricionales (Por porción):

Calorías 228, Grasa 18g, Carbohidratos 16g, Fibra 3g, Proteína 2g

Aperitivo de Col China con Sésamo

Tiempo de Preparación: 20 minutos

Tamaño de Porción: 4

Tipo de Dieta: Sin Gluten, Sin Lácteos, Sin Soya, Sin Nueces, Vegana, Vegetariana

Ingredientes:

- 1 pulgada de jengibre, (rallado o en polvo)
- 2 cucharadas de aceite de oliva
- 3 cucharadas de coco aminos
- Una pizca de hojuelas de pimiento rojo
- 4 cabezas de col china, cortadas en cuartos
- 2 dientes de ajo picados
- 1 cucharada de semillas de sésamo, tostadas

Modo de Preparación:

1. En una sartén (también puedes usar una cacerola); calienta el aceite a fuego medio en la estufa.

2. Añade el coco aminos, ajo, hojuelas de pimienta y jengibre; remueve y cuece durante 4 minutos.
3. Añade la col china y las semillas de sésamo, mezcla, cocina durante 5-6 minutos. Sírvelo caliente.

Bocaditos de Salmón

Tiempo de Preparación: 25-30 minutos

Tamaño de Porción: 2

Tipo de Dieta: Sin Gluten, Sin Lácteos, Sin Soya, Sin Nueces

Ingredientes:

- 2 cucharaditas de ajo en polvo
- 1 cucharadita de cebolla en polvo
- 20 onzas de trozos de piña en conserva
- ½ cucharadita de jengibre (rallado o en polvo)
- 1 cucharada de vinagre balsámico
- 2 filetes de salmón, sin espinas, sin piel y en cubos
- Pimienta negra al gusto

Modo de Preparación:

1. Precalienta el horno a 375°F. Engrasa una fuente para hornear con un poco de aceite en espray.
2. Coloca el salmón y la piña en el plato.

3. Añade el jengibre, ajo en polvo, cebolla en polvo, pimienta negra y vinagre, mezcla bien.

4. Hornea durante 20 minutos, reparte en tazones y sirve.

Valores Nutricionales (Por porción):

Calorías 198, Grasa 2g, Carbohidratos 8g, Fibra 3g, Proteína 14g

Coliflor al Ajo

Tiempo de Preparación: 15-20 minutos

Tamaño de Porción: 4

Tipo de Dieta: Sin Gluten, Sin Soya, Sin Nueces, Vegetariana

Ingredientes:

- ½ cucharadita de pimienta negra fresca molida
- ½ cucharadita de ajo en polvo

- 1½ cucharaditas de comino molido
- 1 cucharadita de sal
- ½ cucharadita de chile en polvo
- 1 cabeza de coliflor, picada en trozos pequeños
- 3 cucharadas de zumo de lima
- 3 cucharadas de ghee

Modo de Preparación:

1. Precalienta el horno a 450°F. Engrasa una fuente para hornear con un poco de aceite en espray.
2. En un tazón, mezcla el comino, sal, chile en polvo, pimienta y ajo en polvo.
3. Extiende la coliflor en la sartén. Rocía con el zumo de lima y el ghee.
4. Cubre con la mezcla de especias y mezcla bien.
5. Hornea durante 15 minutos y sírvelo caliente.

Valores Nutricionales (Por porción):

Calorías 136, Grasa 11g, Carbohidratos 9g, Fibra 3g, Proteína 4g

Empanadillas de Lentejas y Patatas

Tiempo de Preparación: 20 minutos

Tamaño de Porción: 7-8

Tipo de Dieta: Sin Gluten, Sin Lácteos, Sin Soya, Vegana, Vegetariana

Ingredientes:

- 1 taza de lentejas rojas enlatadas, coladas y machacadas
- 1 boniato, (rallado o en polvo)
- ¼ taza de perejil picado
- 2 cucharaditas jengibre (rallado o en polvo)
- 1 taza de cebolla amarilla picada
- 1 taza de champiñones picados
- 1 cucharada de curry en polvo
- ¼ taza de cilantro picado
- 2 cucharadas de harina de coco
- 1 cucharada de aceite de oliva

Modo de Preparación:

1. Añade la cebolla, jengibre, champiñones, lentejas, patatas, curry en polvo, perejil, cilantro y harina en un tazón.
2. Mézclalo bien y prepara empanadillas a partir de esta mezcla.

3. En una sartén (también puedes usar una cacerola); calienta el aceite a fuego medio en la estufa.

4. Añade las empanadillas y cocina durante unos 5 minutos cada lado. Sírvelo caliente.

Valores Nutricionales (Por porción):

Calorías 136, Grasa 4g, Carbohidratos 7g, Fibra 3g, Proteína 8g

Aperitivo de Tomate y Ajo

Tiempo de Preparación: 25 minutos

Tamaño de Porción: 6

Tipo de Dieta: Sin Gluten, Sin Lácteos, Sin Soya, Sin Nueces, Vegana, Vegetariana

Ingredientes:

- 4 dientes de ajo picados
- 1 libra de tomates cherry, cortados por la mitad
- 1 cucharadita de albahaca deshidratada (opcional)
- 2 cucharadas de aceite de oliva extra virgen
- Sal al gusto

Modo de Preparación:

1. Precalienta el horno a 400°F. Cubre una bandeja de horno con papel de hornear.
2. En un tazón, mezcla los tomates, ajo y albahaca. Añade el aceite de oliva y mezcla bien. Sazona generosamente con sal.
3. Añade la mezcla a la lámina.
4. Hornea durante 15-20 minutos, o hasta que los tomates estén bien cocinados.
5. Sírvelo caliente.

Valores Nutricionales (Por porción):

Calorías 47, Grasa 0g, Carbohidratos 9g, Fibra 3g, Proteína 2g

Espárragos Increíbles

Tiempo de Preparación: 25 minutos

Tamaño de Porción: 4

Tipo de Dieta: Sin Gluten, Sin Lácteos, Sin Soya, Sin Nueces, Vegana, Vegetariana

Ingredientes:

- 2 cucharadas de chalote picado
- 5 cucharadas de aceite de oliva
- 4 dientes de ajo picados
- Pimienta negra al gusto
- 1½ cucharaditas vinagre balsámico
- 1½ libra de espárragos cortados

Modo de Preparación:

1. Precalienta el horno a 450°F. Cubre una bandeja de horno con papel de hornear.
2. Esparce los espárragos en la hoja.
3. Cubre bien con los ingredientes restantes.
4. Hornea durante 15 minutos y sírvelo caliente.

Valores Nutricionales (Por porción):

Calorías 124, Grasa 1g, Carbohidratos 4g, Fibra 2g, Proteína 3g

Aperitivo de Col Rizada al Ajo

Tiempo de Preparación: 25 minutos

Tamaño de Porción: 4

Tipo de Dieta: Sin Gluten, Sin Lácteos, Sin Soya, Sin Nueces, Vegana, Vegetariana

Ingredientes:

- 8 tazas de col rizada picada
- 1 cucharada de aceite de oliva
- 3 dientes de ajo machacados
- 1 cucharada de vinagre balsámico
- ½ cucharadita de nuez moscada molida
- Sal marina al gusto

Modo de Preparación:

1. En una sartén (también puedes usar una cacerola); calienta el aceite a fuego medio en la estufa.
2. Añade el ajo, remueve la mezcla y cocina mientras revuelves durante aproximadamente 3-4 minutos hasta que esté fragante.
3. Añade la col rizada; remueve y cuece durante alrededor de 5-7 minutos o hasta que esté blando.
4. Agrega vinagre balsámico; rocía con nuez moscada y sal marina.
5. Sírvelo caliente.

Valores Nutricionales (Por porción):

Calorías 98, Grasa 4g, Carbohidratos 14g, Fibra 3g, Proteína 4g

Sopas y Estofados

Sopa de Pollo con Verduras

Tiempo de Preparación: 55-60 minutos

Tamaño de Porción: 6-7

Tipo de Comida: Cena

Tipo de Dieta: Sin Gluten, Sin Lácteos, Sin Soya, Sin Nueces

Ingredientes:

- 2 cucharaditas de ajo picado
- 3 tazas de hinojo rallado
- 3 tazas de repollo verde rallado
- 1 cucharada de aceite de oliva
- 1 cebolla dulce picada
- 2 zanahorias picadas
- 8 tazas de caldo de hueso de pollo
- 2 cucharaditas de tomillo fresco picado
- 2 tazas de pechuga de pollo cocinado y picado
- Sal marina al gusto

Modo de Preparación:

1. En una olla (también puedes usar una cacerola profunda); calienta el aceite a fuego medio en la estufa.

2. Añade las cebollas, ajo, remueve la mezcla y cocina mientras revuelves durante unos 2-3 minutos hasta que se ablande.

3. Agrega el hinojo, el repollo y las zanahorias. Saltea durante unos 4-5 minutos.

4. Añade el caldo y el tomillo. Lleva la sopa a ebullición.

5. Reduce el fuego al mínimo y cocina la mezcla a fuego lento durante 25-30 minutos o hasta que las verduras estén tiernas.

6. Añade el pollo y la sal. Revuelve y cocina a fuego lento durante aproximadamente 5 minutos. Sírvelo caliente.

Valores Nutricionales (Por porción):

Calorías 246, Grasa 9g, Carbohidratos 16g, Fibra 5g, Proteína 24g

Sopa de Lentejas con Champiñones

Tiempo de Preparación: 30 minutos

Tamaño de Porción: 4

Tipo de Comida: Almuerzo

Tipo de Dieta: Sin Gluten, Sin Lácteos, Sin Soya, Sin Nueces, Vegana, Vegetariana

Ingredientes:

- 1 cebolla amarilla mediana picada
- 1 taza de champiñones blancos, en cuartos
- 1 1/2 cucharadas aceite de coco
- 2 dientes de ajo picados
- 3 tazas de caldo de verdura

- 3 cucharaditas de pasta de miso
- 1 taza de lentejas cocidas
- 2 tazas de col rizada

Modo de Preparación:

1. En una olla (también puedes usar una cacerola profunda); calienta el aceite en la estufa a fuego medio.
2. Añade el ajo, remueve la mezcla y cocina mientras revuelves durante aproximadamente 1 minuto hasta que esté fragante.
3. Añade las cebollas y cocina durante 2-3 minutos hasta que esté suave.
4. Añade los champiñones; remueve y cuece durante otros 5 minutos.
5. Añade el caldo y hierve la mezcla. Baja el fuego al mínimo.
6. Mezcla la pasta de miso y las lentejas; cocina durante 5 minutos.
7. Remueve la col rizada. Déjala cocer durante otros 3 minutos.
8. Sírvelo caliente.

Valores Nutricionales (Por porción):

Calorías 294, Grasa 4g, Carbohidratos 8g, Fibra 2g, Proteína 15g

Estofado de Chili con Cerdo

Tiempo de Preparación: 1 hora 50 minutos

Tamaño de Porción: 4-6

Tipo de Comida: Cena

Tipo de Dieta: Sin Gluten, Sin Lácteos, Sin Soya, Sin Nueces

Ingredientes:

- 3 cucharadas de aceite de oliva
- 3 libras de paletilla de cerdo en cubitos
- 2 cebollas amarillas picadas
- 2 cucharadas de ajo picado
- 2 tazas de harina de almendra
- Una pizca de pimienta negra (molida) y sal
- 1 cucharadita de hojuelas de chile deshidratadas
- 3 tazas de caldo de pollo
- 4 cucharadas de salvia picada
- ¼ taza de pasta de tomate
- ½ cucharadita de pimienta de Jamaica

Modo de Preparación:

1. En un tazón (tamaño mediano), mezcla la harina, sal y pimienta.
2. Cubre el cerdo en esta mezcla.
3. En una olla (también puedes utilizar una sartén profunda); calienta el aceite en la estufa a fuego medio.
4. Agrega la carne y cocina, mientras revuelves, hasta que se dore uniformemente.
5. Pásalo a un tazón.
6. En la sartén, añade el ajo, cebolla, hojuelas de salvia y pimienta y remueve y cuece durante 8 minutos.
7. Añade el cerdo a la sartén; mezcla el caldo, la pimienta de Jamaica y la pasta de tomate.
8. Remueve y cocínalo todo durante 80-90 minutos.
9. Divide en tazones para servir y sírvelo caliente.

Valores Nutricionales (Por porción):

Calorías 271, Grasa 4g, Carbohidratos 11g, Fibra 6g, Proteína 18g

Sopa de Pollo Jalapeño

Tiempo de Preparación: 25-30 minutos

Tamaño de Porción: 6

Tipo de Comida: Almuerzo

Tipo de Dieta: Sin Gluten, Sin Lácteos, Sin Soya, Sin Nueces

Ingredientes:

- 1 cucharada de aceite de aguacate
- 1 pimiento jalapeño, con semillas y picado
- 6 tazas de caldo de pollo
- 1 libra de pollo cocido desmenuzado
- 3 dientes de ajo picados
- 1 cebolla blanca mediana, cortada en cubitos
- 1 lata (14-onzas) de tomates cortados en cubos con su zumo
- 1 lata (4-onzas) de chiles verdes cortados en cubitos
- 3 cucharadas de zumo de lima
- ¼ cucharadita de pimienta de cayena
- Pimienta negra fresca molida
- 1 cucharadita de chile en polvo
- 1 cucharadita de comino molido
- ½ cucharadita de sal
- 1 aguacate, picado y rebanado

Modo de Preparación:

1. En una olla (también puedes usar una cacerola profunda); calienta el aceite a fuego medio en la estufa.
2. Añade el ajo, cebolla, y pimiento jalapeño; saltea durante 4-5 minutos.
3. Añade el caldo, pollo, tomates, chiles, zumo de lima, chile en polvo, comino, sal, pimienta de cayena y pimienta negra.
4. Remueve la mezcla y lleva a ebullición; cocina durante 10 minutos.
5. Agrega en tazones para servir junto con las rebanadas de aguacate y cilantro.

Valores Nutricionales (Por porción):

Calorías 274, Grasa 7g, Carbohidratos 12g, Fibra 4g, Proteína 30g

Sopa de Patata con Brócoli

Tiempo de Preparación: 40-45 minutos

Tamaño de Porción: 6

Tipo de Comida: Almuerzo

Tipo de Dieta: Sin Gluten, Sin Lácteos, Sin Soya, Sin Nueces

Ingredientes:

- 1 taza de cebolla rebanada
- 2 cucharaditas de ajo picado
- 1 cucharada de aceite de oliva
- 1 cebolla dulce, picada
- 1 boniato, pelado y cortado en trozos
- 1 cucharadita de nuez moscada molida

- 8 tazas de caldo de hueso de pollo
- 3 cabezas de brócoli, cortadas en floretes
- ½ taza de crema de coco
- Sal marina al gusto

Modo de Preparación:

1. En una olla (también puedes usar una cacerola profunda); calienta el aceite a fuego medio en la estufa.
2. Añade las cebollas y el ajo, remueve la mezcla y cocina mientras mueves durante aproximadamente 2-3 minutos hasta que se ablande.
3. Añade el caldo, brócoli, boniato y nuez moscada.
4. Llévalo a ebullición. Reduce la llama y cocina a fuego lento durante 25-30 minutos o hasta que las verduras estén tiernas.
5. Pasa la sopa por la licuadora hasta que esté suave.
6. Bate la crema y sazona con sal marina. Sírvelo caliente.

Valores Nutricionales (Por porción):

Calorías 184, Grasa 9g, Carbohidratos 18g, Fibra 6g, Proteína 14g

Estofado de Patatas y Atún

Tiempo de Preparación: 40 minutos

Tamaño de Porción: 4

Tipo de Comida: Cena

Tipo de Dieta: Sin Gluten, Sin Lácteos, Sin Soya, Sin Nueces

Ingredientes:

- 1 cucharadita de chile deshidratado
- ¼ pinta de caldo de pollo
- 1 cebolla amarilla picada
- 1 cucharada de aceite de oliva
- 1 diente de ajo, picado
- 14 onzas tomates enlatados picados
- 3 boniatos cortados en cubitos
- 1 cucharadita de paprika dulce
- 2 filetes de atún, troceados
- 1 pimiento rojo picado
- 1 cucharada de cilantro picado

Modo de Preparación:

1. En una olla (también puedes usar una cacerola profunda); calienta el aceite a fuego medio en la estufa.
2. Añade las cebollas, remueve la mezcla y cocina mientras mueves durante unos 3-4 minutos hasta que se ablanden.
3. Añade el ají y el ajo, remueve y cuece durante 1 minuto.
4. Añade el caldo, tomates, patatas, paprika y pimiento rojo, remueve la mezcla.
5. Hierve y cocina durante 20 minutos a fuego medio.
6. Añade el atún, cocina durante 8-10 minutos.
7. Añade en tazones para servir, espolvoréalo con cilantro y sírvelo caliente.

Valores Nutricionales (Por porción):

Calorías 224, Grasa 4g, Carbohidratos 16g, Fibra 7g, Proteína 7g

Sopa de Pescado y Gambas

Tiempo de Preparación: 40 minutos

Tamaño de Porción: 6

Tipo de Comida: Cena

Tipo de Dieta: Sin Gluten, Sin Lácteos, Sin Soya, Sin Nueces

Ingredientes:

- 2 tallos de apio picado
- 1 cucharada de aceite de oliva
- 1 cebolla dulce picada
- 2 cucharaditas de ajo picado
- 2 zanahorias cortadas en cubitos
- ½ cucharadita de comino molido
- ½ cucharadita de cilantro molido
- 1 libra de abadejo, cortado en trozos pequeños
- 6 tazas de caldo de hueso de pollo
- 2 tazas de boniato cortado en cubitos
- ½ libra de camarones pelados, desvenados y picados
- 1 taza de espinacas picadas
- 2 cucharadas de cilantro fresco picado

Modo de Preparación:

1. En una olla (también puedes usar una cacerola profunda); calienta el aceite a fuego medio en la estufa.
2. Añade las cebollas, ajo, apio, remueve la mezcla y cocina mientras revuelves durante unos 2-3 minutos hasta que se ablande.
3. Añade el caldo, boniato, zanahorias, comino y cilantro.
4. Hierve la mezcla. Reduce la llama a fuego lento y hierve durante aproximadamente 10 minutos o hasta que los vegetales estén tiernos.
5. Agrega el abadejo y los camarones. Cocina la mezcla a fuego lento durante 8-10 minutos más. Añade las espinacas y cocina a fuego lento durante 2 minutos.
6. Sirve en tazones y cubre con el cilantro.

Valores Nutricionales (Por porción):

Calorías 244, Grasa 8g, Carbohidratos 18g, Fibra 3g, Proteína 26g

Sopa de Tomate Con Yogur

Tiempo de Preparación: 25-30 minutos

Tamaño de Porción: 6

Tipo de Comida: Almuerzo

Tipo de Dieta: Sin Gluten, Sin Soya, Sin Nueces, Vegetariana

Ingredientes:

- 1 cucharadita de albahaca deshidratada
- 1 cucharadita de orégano molido
- ⅛ cucharadita de pimienta negra fresca molida
- ⅛ cucharadita de tomillo deshidratado
- ½ cucharadita de sal

- ¼ cucharadita de chile en polvo
- 1 cucharada de ghee
- 1 cebolla pequeña picada
- 3 dientes de ajo picados
- 2 latas (14-onzas) de tomates cortados en cubitos con su zumo
- 2 tazas de caldo vegetal
- ¼ taza de pasta de tomate
- ½ taza de yogur natural entero

Modo de Preparación:

1. En una olla (también puedes usar una cacerola profunda); calienta el aceite a fuego medio en la estufa.
2. Añade las cebollas, ajo, remueve la mezcla y cocina mientras revuelves durante aproximadamente 4-5 minutos hasta que se ablande.
3. Agrega la albahaca, el orégano, la sal, el chile en polvo, la pimienta y el tomillo.
4. Añade el tomate, el caldo y la pasta de tomate. Mézclalo bien.
5. Lleva a ebullición, baja la llama al mínimo, y cocina durante 8-10 minutos.
6. Coloca la mezcla en la licuadora y añade el yogur. Licua durante 1 minuto más.
7. Sírvelo caliente.

Valores Nutricionales (Por porción):

Calorías 152, Grasa 6g, Carbohidratos 26g, Fibra 12g, Proteína 8g

Estofado de Pollo y Alcachofa

Tiempo de Preparación: 65 minutos

Tamaño de Porción: 7-8

Tipo de Comida: Cena

Tipo de Dieta: Sin Gluten, Sin Lácteos, Sin Soya, Sin Nueces

Ingredientes:

- 5 dientes de ajo picados
- 2 cucharadas de aceite de oliva
- 2 cebollas amarillas picadas
- 2 libras de muslos de pollo, sin piel, deshuesados y picados
- 1 cucharada de sirope de arce
- 2 tazas de caldo de verdura
- 16 onzas de corazones de alcachofas enlatadas, escurridas y picadas
- Una pizca de sal marina y pimienta negra molida
- 2 cucharadas de cilantro picado

Modo de Preparación:

1. En una olla (también puedes usar una cacerola profunda); calienta 1 cucharada de aceite a fuego medio en la estufa.

2. Añade el pollo y cocina mientras revuelves hasta que se dore uniformemente.

3. Pásalo a un tazón (tamaño mediano).

4. En la sartén calienta el aceite restante, añade el ajo y la cebolla, remueve y cocina durante 1 minuto.

5. Añade el caldo, sirope de arce, alcachofas, sal y pimienta. Remueve la mezcla.

6. Hierve a fuego lento y cocina durante 3-4 minutos.

7. Añade el pollo a la olla y remueve la mezcla.

8. Cubre la olla, reduce la llama a baja, cocina por 45 minutos.

9. Añade el cilantro y sírvelo caliente.

Valores Nutricionales (Por porción):

Calorías 207, Grasa 4g, Carbohidratos 11g, Fibra 4g, Proteína 21g

Estofado de Vieiras y Gambas

Tiempo de Preparación: 30 minutos

Tamaño de Porción: 4

Tipo de Comida: Cena

Tipo de Dieta: Sin Gluten, Sin Lácteos, Sin Soya, Sin Nueces

Ingredientes:

- 1 cucharadita de jalapeno picado
- 2 cucharaditas de ajo, picado
- 2 puerros picados
- 2 cucharadas de aceite de oliva
- 1 zanahoria picada
- 1 cucharadita de comino molido
- Una pizca de pimienta negra molida y sal
- ¼ cucharadita de canela en polvo
- 1½ tazas de tomates picados
- 1 taza de caldo vegetal
- 1 libra de camarones pelados y desvenados
- 1 libra vieiras de mar
- 2 cucharadas de cilantro picado

Modo de Preparación:

1. En una olla (también puedes usar una cacerola profunda); calienta el aceite a fuego medio en la estufa.
2. Añade el puerro, ajo, remueve la mezcla y cocina mientras mueves durante aproximadamente 6-7 minutos hasta que se ablande.
3. Añade el jalapeno, sal, pimiento, cayena, zanahorias, canela y comino. Remueve la mezcla.
4. Cocina durante 5 minutos. Añade los tomates, el caldo, los camarones y las vieiras. Remueve la mezcla.
5. Cocina durante 5-6 minutos. Sirve en tazones, cubre con el cilantro y sírvelo caliente.

Valores Nutricionales (Por porción):

Calorías 245, Grasa 4g, Carbohidratos 11g, Fibra 5g, Proteína 17g

Sopa de Cerdo con Brotes

Tiempo de Preparación: 25 minutos

Tamaño de Porción: 6

Tipo de Comida: Cena

Tipo de Dieta: Sin Gluten, Sin Lácteos, Sin Soya, Sin Nueces

Ingredientes:
- 2 cucharadas de aceite de oliva
- 5 dientes de ajo picados
- 2 tallos de apio picados
- ½ libra de cerdo en tiras
- ½ libras de cerdo molido
- 3 tazas de caldo de verdura
- 2 vieiras picadas
- Pimienta negra al gusto
- 1 taza de brotes de soja
- 2 cucharadas de perejil picado
- ½ cucharadita de canela en polvo
- 4 cucharadas de aminos de coco
- ½ cucharada de copos de pimiento rojo

Modo de Preparación:

1. En una olla (también puedes usar una cacerola profunda); calienta el aceite a fuego medio en la estufa.
2. Añade el cerdo y cocínalo, mientras revuelves, hasta que se dore uniformemente.
3. Pásalo a un plato.
4. En la sartén, añade el ajo, remueve y cocina durante 1-2 minutos.
5. Añade el cerdo molido, tiras de cerdo, vieiras, apio, caldo, pimienta negra, canela y aminos.
6. Mézclalo bien, llévalo a ebullición y cocina durante 12-15 minutos.
7. Mezcla bien los brotes, perejil y hojuelas de pimienta y sírvelo caliente.

Valores Nutricionales (Por porción):

Calorías 296, Grasa 4g, Carbohidratos 9g, Fibra 3g, Proteína 15g

Sopa de Pollo con Frijoles Blancos

Tiempo de Preparación: 20 minutos

Tamaño de Porción: 4

Tipo de Dieta: Sin Gluten, Sin Lácteos, Sin Soya, Sin Nueces

Ingredientes:

- 2 latas (4-onzas) de chiles verdes suaves y picados
- 4 tazas de frijoles blancos cocidos, bien escurridos y enjuagados
- 4 tazas de caldo de pollo o de verduras
- 1 cucharada de ghee
- 2 cebollas pequeñas picadas
- 6 dientes de ajo picados
- 1 cucharadita de chile en polvo
- ¼ cucharadita de pimienta de cayena
- 4 cucharaditas de comino molido
- 2 cucharaditas de orégano seco
- 4 tazas de pollo cocinado y desmenuzado
- 2 cebollines (cortados en rodajas)

Modo de Preparación:

1. En una olla (también puedes usar una cacerola profunda); calienta el aceite a fuego medio en la estufa.
2. Añade las cebollas, ajo, remueve la mezcla y cocina mientras revuelves durante aproximadamente 4-5 minutos hasta que se ablande.
3. Añade el chile, remueve y cuece durante 2 minutos.
4. Agrega los frijoles, el caldo, el comino, el orégano, el chile en polvo y la pimienta de cayena.
5. Hierve y añade el pollo. Reduce la llama a media-baja y cocina durante 8-10 minutos.
6. Cubre con las vieiras y sírvelo caliente.

Valores Nutricionales (Por porción):

Calorías 296, Grasa 4g, Carbohidratos 41g, Fibra 12g, Proteína 22g

Sopa de Aguacate con Coco

Tiempo de Preparación: 15 minutos

Tamaño de Porción: 6

Tipo de Comida: Almuerzo

Tipo de Dieta: Sin Gluten, Sin Lácteos, Sin Soya, Sin Nueces, Vegana, Vegetariana

Ingredientes:
- 1 cucharada de zumo de limón
- 1 diente de ajo machacado
- 1 cucharadita de jengibre rallado
- 3 aguacates maduros, pelados y sin hueso
- ¼ cebolla roja picada

- 1 taza de caldo de hueso de pollo
- ½ cucharadita de eneldo picado
- 2 tazas de leche de coco enlatada con toda su grasa
- Sal marina y pimienta negra molida al gusto

Modo de Preparación:

1. Corta el aguacate y reserva.
2. En una licuadora o procesador de alimentos, añade el aguacate, cebolla, caldo de pollo, zumo de limón, ajo, jengibre y eneldo. Mezcla hasta que quede muy suave.
3. Muévelo a un recipiente. Añade la leche. Sazona con sal y pimienta.
4. Déjalo enfriar en la nevera durante al menos 1 hora.
5. Decora con las ramitas de eneldo y sírvelo frío.

Valores Nutricionales (Por porción):

Calorías 326, Grasa 31g, Carbohidratos 14g, Fibra 8g, Proteína 4g

Estofado de Cerdo con Berenjenas

Tiempo de Preparación: 20 minutos

Tamaño de Porción: 4

Tipo de Comida: Cena

Tipo de Dieta: Sin Gluten, Sin Lácteos, Sin Soya, Sin Nueces

Ingredientes:

- 4 dientes de ajo picados
- 1 libra de cerdo molido
- 1 berenjena cortada en cubos
- 2 cebollas verdes picadas
- 2 cucharadas de aceite de aguacate
- 14 onzas de tomates enlatados, picados
- Pimienta negra molida y sal al gusto
- 1/3 tazas de albahaca picada
- 2 cucharadas de pasta de tomate
- ¾ taza de crema de coco

Modo de Preparación:

1. En una olla (también puedes usar una cacerola profunda); calienta el aceite a fuego medio en la estufa.
2. Añade las cebollas, ajo, remueve la mezcla y cocina mientras revuelves durante unos 2-3 minutos hasta que se ablande.
3. Añade el cerdo, remueve y cuece durante 4-5 minutos.

4. Añade la berenjena, tomates, sal, pimienta y albahaca. Remueve la mezcla y cocina durante 4-5 minutos.
5. Añade la pasta de tomate y la crema, remueve y cocina durante 1 minuto. Sírvelo caliente.

Valores Nutricionales (Por porción):

Calorías 253, Grasa 11g, Carbohidratos 8g, Fibra 1g, Proteína 19g

Sopa de Champiñones y Espinacas

Tiempo de Preparación: 45 minutos

Tamaño de Porción: 4

Tipo de Comida: Almuerzo

Tipo de Dieta: Sin Gluten, Sin Lácteos, Sin Soya, Sin Nueces

Ingredientes:
- 1 taza de champiñones en rodajas
- ½ cucharadita de salsa de pescado
- 3 cucharadas de pasta de miso
- 3 tazas de agua filtrada
- 3 tazas de caldo de verdura
- 1 taza de espinacas baby, bien lavadas
- 4 cebollines (cortados en rodajas)

Modo de Preparación:
1. En una olla (también puedes usar una cacerola profunda); calienta el agua y el caldo a fuego medio de la estufa.
2. Añade los champiñones, la salsa de pescado, y hierve la mezcla. Retira del fuego.
3. En un tazón, mezcla la pasta de miso con ½ taza de caldo. Mézclalo bien para disolver la pasta.

4. Añade la mezcla nuevamente en la sopa. Agrega las espinacas y cebolletas. Sírvelo caliente.

Valores Nutricionales (Por porción):

Calorías 54, Grasa 0g, Carbohidratos 9g, Fibra 1g, Proteína 2g

Aves y Pollo

Ensalada Verde con Pavo

Tiempo de Preparación: 20 minutos

Tamaño de Porción: 4

Tipo de Comida: Almuerzo

Tipo de Dieta: Sin Gluten, Sin Lácteos, Sin Soya

Ingredientes:

Aderezo:

- 2 cucharadas de vinagre balsámico
- 2 cucharaditas de mostaza Dijon
- ¼ taza de aceite de oliva
- 1 cucharadita de tomillo fresco picado
- Sal marina al gusto

Ensalada:

- ½ cebolla roja (cortada en rodajas)
- 4 tazas de lechugas mixtas
- 1 taza de rúcula
- 16 onzas de pechuga de pavo cocinada, picada
- 3 albaricoques picados en trocitos pequeños
- ½ taza de pacanas picadas

Modo de Preparación:

1. En un tazón pequeño, bate los ingredientes del aderezo y reserva.
2. En una ensaladera, agrega las lechugas mixtas, rúcula y cebolla roja.
3. Cubre con 3/4 del aderezo.
4. Cubre con el pavo, los albaricoques y las nueces. Rocía con el aderezo restante y sirve.

Valores Nutricionales (Por porción):

Calorías 296, Grasa 19g, Carbohidratos 12g, Fibra 2g, Proteína 21g

Ensalada de Pollo con Acelgas

Tiempo de Preparación: 20 minutos

Tamaño de Porción: 6

Tipo de Comida: Almuerzo

Tipo de Dieta: Sin Gluten, Sin Lácteos, Sin Soya

Ingredientes:

- 4 pimientos morrones mini (cortados en rodajas)
- 1 pera (cortada en rodajas)
- ¼ taza de piñones tostados
- 2 tazas de pollo cocinado desmenuzado
- 6 tazas de acelga picada
- 1 chalote picado
- ½ taza de aceite de oliva extra virgen
- 2 cucharadas de zumo de limón
- 2 cucharadas de vinagre de sidra de manzana
- 1 cucharada de mostaza Dijon
- ¼ cucharadita de sal

Modo de Preparación:

1. Precalienta el horno a 350°F.
2. Envuelve el pollo desmenuzado en un trozo de papel de aluminio; hornea durante 10 minutos.
3. En un tazón, mezcla las acelgas, los pimientos, la pera y las nueces.
4. En otro tazón, mezcla el chalote, el aceite de oliva, el zumo de limón, el vinagre, la mostaza y la sal.
5. Añade el aderezo con la mezcla de nueces y mézclalo bien.
6. Añade el pollo horneado a la ensalada. Mezcla y sirve de inmediato.

Valores Nutricionales (Por porción):

Calorías 325, Grasa 21g, Carbohidratos 9g, Fibra 2g, Proteína 14g

Pollo Clásico Italiano con Especias

Tiempo de Preparación: 70 minutos

Tamaño de Porción: 6

Tipo de Comida: Almuerzo

Tipo de Dieta: Sin Gluten, Sin Lácteos, Sin Soya, Sin Nueces

Ingredientes:

- 2 cucharadas de aceite de oliva
- 1 cucharada de zumo de limón
- 1 taza de perejil picado

- 6 muslos de pollo, deshuesados y sin piel
- 2 tazas de boniatos, cortados en rodajas
- 2 cucharadas de aderezo italiano

Modo de Preparación:

1. Precalienta el horno a 450°F. Cubre una bandeja de horno con papel de hornear.
2. Añade el pollo a la bandeja con el papel de hornear; agrega las patatas, aceite, zumo de limón, perejil y sazón. Mezcla bien.
3. Hornea la mezcla durante 55-60 minutos hasta que esté bien cocida.
4. Divide en platos y sirve.

Valores Nutricionales (Por porción):

Calorías 236, Grasa 7g, Carbohidratos 12g, Fibra 7g, Proteína 12g

Ensalada de Pollo y Espinacas

Tiempo de Preparación: 55 minutos
Tamaño de Porción: 4
Tipo de Comida: Almuerzo
Tipo de Dieta: Sin Gluten, Sin Lácteos, Sin Soya, Sin Nueces

Ingredientes:

- 1 cebolla amarilla picada
- 12 onzas de champiñones picados
- 2 dientes de ajo picados
- 2 boniatos horneados
- Aceite de oliva para rociar
- 2 tazas de espinacas baby
- Una pizca de sal y pimienta de cayena
- ½ cucharadita de tomillo seco
- 3 tazas de pollo, cocinado y desmenuzado
- Un chorrito de vinagre balsámico

Modo de Preparación:

1. Corta las patatas en mitades a lo largo; pica en trozos pequeños y agrega en un tazón (tamaño mediano).
2. En una sartén (también puedes usar una cacerola); calienta el aceite a fuego medio en la estufa.
3. Añade la cebolla, trozos de patata, ajo, champiñones, tomillo, pollo, sal y pimienta de cayena, revuelve bien.

4. Cocina durante 8-10 minutos, retíralo del fuego.
5. Añade también las espinacas y vinagre, mezcla y sirve.

Valores Nutricionales (Por porción):

Calorías 263, Grasa 2g, Carbohidratos 17g, Fibra 8g, Proteína 11g

Pollo con Arroz Integral

Tiempo de Preparación: 20 minutos

Tamaño de Porción: 4

Tipo de Comida: Almuerzo

Tipo de Dieta: Sin Gluten, Sin Lácteos, Sin Soya, Sin Nueces

Ingredientes:

- 1½ tazas de arroz integral cocinado
- 1½ cucharadas de sirope de arce
- 4 onzas pechuga de pollo deshuesada, sin piel y cortada en trozos pequeños
- 1 huevo
- 2 claras de huevo
- 1 taza de caldo de pollo
- 2 cucharadas de aminos de coco
- 2 cebolletas picadas

Modo de Preparación:

1. En una olla (también puedes usar una cacerola profunda); calienta el caldo a fuego medio.
2. Añade los aminos de coco y el azúcar, remueve la mezcla y hiérvela.
3. Añade el pollo y mezcla.

4. En un tazón (tamaño mediano), bate el huevo junto con las claras de huevo.
5. Añádelo sobre la mezcla de pollo, añade las cebolletas encima y cocina durante 3 minutos sin remover.
6. Divide en tazones y sirve.

Valores Nutricionales (Por porción):

Calorías 246, Grasa 11g, Carbohidratos 13g, Fibra 6g, Proteína 9g

Hamburguesas de Pavo con Pimienta

Tiempo de Preparación: 20 minutos

Tamaño de Porción: 4

Tipo de Comida: Almuerzo

Tipo de Dieta: Sin Gluten, Sin Lácteos, Sin Soya, Sin Nueces

Ingredientes:

- 1 libra de carne de pavo molida
- 1 pimiento jalapeño pequeño, picado
- 2 cucharaditas de zumo de lima
- 1 chalote, picado

- 1 cucharada de aceite de oliva
- Ralladura de 1 lima
- Pimienta negra molida y sal al gusto
- 1 cucharadita de cúrcuma en polvo

Modo de Preparación:

1. En un tazón (tamaño mediano), mezcla el pavo, chalote, jalapeno, zumo de lima, ralladura de lima, sal, pimienta y cúrcuma.
2. Prepara hamburguesas con esta mezcla.
3. En una sartén (también puedes usar una cacerola); calienta el aceite a fuego medio en la estufa.
4. Añade las empanadas y cocínalas durante unos 5 minutos en cada lado.
5. Sirve con salsa de yogur o vegetales verdes (opcional).

Valores Nutricionales (Por porción):

Calorías 196, Grasa 13g, Carbohidratos 12g, Fibra 5g, Proteína 7g

Pollo Bruselas

Tiempo de Preparación: 20 minutos
Tamaño de Porción: 4
Tipo de Comida: Cena
Tipo de Dieta: Sin Gluten, Sin Lácteos, Sin Soya

Ingredientes:

- 12 onzas coles de Bruselas, desmenuzadas
- 1 manzana, sin corazón y en rodajas
- ½ cebolla roja (cortada en rodajas)
- 1½ libras muslos de pollo, sin piel y sin hueso
- 1 cucharada de aceite de oliva
- 2 cucharaditas de tomillo picado
- Una pizca de pimienta negra (molida) y sal
- 1 diente de ajo, picado
- 2 cucharadas de vinagre balsámico
- ¼ taza de nueces (picadas)

Modo de Preparación:

1. En una sartén (también puedes usar una cacerola); calienta el aceite a fuego medio en la estufa.
2. Añade el pollo, pimienta, sal y tomillo; cocina, mientras revuelves, hasta que se dore uniformemente.
3. Pásalo a un tazón (tamaño mediano).

4. En la sartén, agrega la cebolla, manzana, brotes y ajo, remueve y cuece durante 4-5 minutos.

5. Añade el vinagre, pollo cocinado y nueces. Remueve y cocina durante 1-2 minutos.

6. Sírvelo caliente.

Valores Nutricionales (Por porción):

Calorías 223, Grasa 4g, Carbohidratos 13g, Fibra 7g, Proteína 9g

Cazuela de Pollo y Brócoli

Tiempo de Preparación: 55 minutos

Tamaño de Porción: 4

Tipo de Comida: Almuerzo

Tipo de Dieta: Sin Gluten, Sin Lácteos, Sin Soya, Sin Nueces

Ingredientes:

- 8 onzas de champiñones (cortados en rodajas)
- 3 tazas de pollo, cocinado y desmenuzado
- 4 tazas de floretes de brócoli
- 1 cebolla amarilla picada
- 2 cucharadas de aceite de oliva
- Pimienta negra molida y sal al gusto
- 1 taza de caldo de pollo
- ½ cucharadita de nuez moscada molida
- 2 huevos

Modo de Preparación:

1. Precalienta el horno a 350°F. Engrasa una fuente para hornear con un poco de aceite en espray.
2. En una sartén (también puedes usar una cacerola); calienta el aceite a fuego medio en la estufa.

3. Añade las cebollas, sal, pimiento, champiñones, remueve la mezcla y cocina mientras revuelves durante aproximadamente 8-10 minutos hasta que se ablande.
4. Añade la mezcla en una fuente para horno; mezcla el pollo y el brócoli.
5. En un tazón (tamaño mediano), mezcla el caldo, huevos, nuez moscada, sal y pimienta.
6. Añádelo sobre la mezcla de pollo, hornea durante 40 minutos.
7. Reparte en platos para servir y sírvelo caliente.

Valores Nutricionales (Por porción):

Calorías 339, Grasa 12g, Carbohidratos 13g, Fibra 3g, Proteína 16g

Cuscús con Pollo y Zanahoria

Tiempo de Preparación: 30 minutos

Tamaño de Porción: 4

Tipo de Comida: Cena

Tipo de Dieta: Sin Lácteos, Sin Soya, Sin Nueces

Ingredientes:

- 1/3 taza de pepitas asadas
- 1/3 taza de perejil, picado
- ¼ taza de menta picada
- 6 onzas de cuscús, cocinado
- 2 cucharaditas de aceite de coco, derretido
- 12 onzas de zanahorias baby
- 4 muslos de pollo deshuesados
- Una pizca de pimienta negra (molida) y sal
- 1 cucharada de zumo de limón
- 2 cucharaditas de ralladura de limón
- 1 cucharada de aceite de oliva
- 1 diente de ajo picado

Modo de Preparación:

1. Precalienta el horno a 450°F. Engrasa una fuente para hornear con un poco de aceite en espray.
2. En una sartén (también puedes usar una cacerola); calienta el aceite a fuego medio en la estufa.
3. Añade el pollo, sal, pimienta y cocina, mientras remueves, hasta que se dore uniformemente durante 8-10 minutos.
4. Transfiere a la fuente de horno.
5. En la sartén, añade las zanahorias y cocina durante 2-3 minutos.
6. Añade las zanahorias con el pollo; hornea durante 10 minutos.
7. En un tazón (tamaño mediano), mezcla el cuscús, aceite de oliva, sal, pimienta, pepitas, perejil, menta, ajo, zumo de limón y ralladura de limón; mézclalo bien.
8. Divide la mezcla de pollo en platos para servir, añade la mezcla de cuscús y sírvelo caliente.

Valores Nutricionales (Por porción):

Calorías 264, Grasa 4g, Carbohidratos 16g, Fibra 6g, Proteína 10g

Rollito/Tazón de Pavo

Tiempo de Preparación: 25 minutos

Tamaño de Porción: 4

Tipo de Comida: Almuerzo

Tipo de Dieta: Sin Gluten, Sin Lácteos, Sin Soya, Sin Nueces

Ingredientes:

- 1 libra de pavo desmenuzado
- 2 cucharadas de zumo de lima
- 2 cucharadas de salsa de pescado
- 2 cucharadas de cilantro picado
- 1 cucharada de menta picada (opcional)
- 1 cucharada de sirope de arce
- 1 cebolla roja pequeña, troceada

- 2 dientes de ajo picados
- 4 cebolletas (cortadas en rodajas)
- ¼ cucharadita de hojuelas de pimiento rojo
- 8 hojas pequeñas de lechuga romana

Modo de Preparación:

1. En una sartén (también puedes usar una cacerola); calienta el aceite a fuego medio en la estufa.
2. Agrega el pavo y cocina, mientras revuelves, hasta que se dore uniformemente.
3. Añade la cebolla y el ajo. Remueve y cuece durante 8-10 minutos.
4. Retira del fuego.
5. Mezcla las cebolletas, zumo de lima, salsa de pescado, cilantro, menta, sirope de arce y hojuelas de pimiento rojo. Mézclalo bien.
6. Añade la mezcla en hojas de lechuga. Sírvelo caliente.

Valores Nutricionales (Por porción):

Calorías 153, Grasa 2g, Carbohidratos 8g, Fibra 1g, Proteína 24g

Dip de Pollo al Horno con Espinacas

Tiempo de Preparación: 30 minutos

Tamaño de Porción: 4

Tipo de Comida: Cena

Tipo de Dieta: Sin Gluten, Sin Lácteos, Sin Soya, Sin Nueces

Ingredientes:

- 4 pechugas de pollo (4-onzas) deshuesadas y sin piel
- 1 taza de champiñones cremini rebanados
- ½ cebolla roja, en rodajas finas
- ½ taza de albahaca picada
- 2 cucharadas de aceite de aguacate
- 1 pinta de tomates cherry, cortados por la mitad
- 4 dientes de ajo picados
- 2 cucharaditas de vinagre balsámico
- 1 taza de espinacas picadas

Modo de Preparación:

1. Precalienta el horno a 400°F. Engrasa una fuente para hornear con un poco de aceite en espray.
2. Coloca el pollo. Pásale una brocha de cocina con el aceite.
3. En un tazón (tamaño mediano), mezcla los tomates, espinacas, champiñones, cebolla roja, albahaca, ajo y vinagre.

4. Cubre cada pechuga de pollo con 1/4 de mezcla de vegetales. Hornea durante unos 18-20 minutos, o hasta que el pollo esté bien cocido.

5. Sirve con el resto de la mezcla de verduras.

Valores Nutricionales (Por porción):

Calorías 234, Grasa 9g, Carbohidratos 8g, Fibra 2g, Proteína 27g

Pollo Entero con Boniatos

Tiempo de Preparación: 80-85 minutos

Tamaño de Porción: 6

Tipo de Comida: Cena

Tipo de Dieta: Sin Gluten, Sin Lácteos, Sin Soya, Sin Nueces

Ingredientes:

- ½ libra boniatos, en cubos
- 2 cucharadas de aceite de oliva
- 1 pollo entero
- Zumo de ½ limón
- 2 zanahorias (cortadas en rodajas)
- 3 dientes de ajo picados
- 1 cebolla amarilla picada
- 1 manojo de romero, deshojado
- Una pizca de pimienta negra (molida) y sal
- 1 manojo de tomillo deshojado

Modo de Preparación:

1. Precalienta el horno a 425°F. Engrasa una fuente para hornear con un poco de aceite en espray.
2. Añade el pollo en el plato.
3. Mezcla el aceite, romero, tomillo, sal, pimienta y zumo de limón en un tazón. Cubre el pollo con la mezcla.

4. Añade las zanahorias, patatas y la cebolla en el plato; hornea durante 60-70 minutos hasta que se cocine bien.
5. Corta el pollo y sírvelo caliente.

Valores Nutricionales (Por porción):

Calorías 308, Grasa 7g, Carbohidratos 16g, Fibra 3g, Proteína 22g

Chili con Frijoles y Pollo

Tiempo de Preparación: 30 minutos

Tamaño de Porción: 4

Tipo de Comida: Cena

Tipo de Dieta: Sin Gluten, Sin Lácteos, Sin Soya, Sin Nueces

Ingredientes:

- 1 libra de pollo desmenuzado
- 30 onzas de frijoles negros enlatados, escurridos y enjuagados
- 28 onzas tomates asados, picados
- 3 tazas de calabaza mantequilla, en cubos
- 1 taza de cebolla amarilla picada
- 1½ cucharadas de aceite de oliva
- 2 dientes de ajo picados
- 14 onzas de caldo de pollo
- Una pizca de pimienta negra (molida) y sal

Modo de Preparación:

1. En una sartén (también puedes usar una cacerola); calienta el aceite a fuego medio en la estufa.
2. Añade el ajo, la cebolla y el pollo. Remueve la mezcla y cocina mientras mueves durante aproximadamente 5-6 minutos hasta que se ablande.

3. Añade los frijoles, tomates, calabaza, caldo, sal y pimienta, mezcla bien.

4. Hierve y cocina durante 12-15 minutos.

5. Coloca en tazones y sírvelo caliente.

Valores Nutricionales (Por porción):

Calorías 258, Grasa 5g, Carbohidratos 10g, Fibra 4g, Proteína 12g

Delicia de Pimientos Rellenos

Tiempo de Preparación: 20 minutos

Tamaño de Porción: 3

Tipo de Comida: Cena

Tipo de Dieta: Sin Gluten, Sin Lácteos, Sin Soya, Sin Nueces

Ingredientes:

- 1 cebolla blanca pequeña, troceada
- 2 dientes de ajo picados
- 1 lata (16-onzas) de tomates troceados, escurridos
- 6 pimientos amarillos, rojos o verdes, limpios, sin semillas y retirar la parte del tronco
- 1 cucharada de aguacate o aceite de coco
- 1 libra de pavo desmenuzado

- ½ cucharadita de comino molido
- ½ cucharadita de paprika
- ½ cucharadita de orégano seco
- ½ cucharadita de sal
- Pimienta negra fresca molida

Modo de Preparación:
1. Precalienta el horno a 400°F. Cubre una bandeja de horno con papel de hornear.
2. Organiza los pimientos en la hoja. Rocía con un poco de aceite.
3. Hornea durante 20 minutos o hasta que se ablande.
4. En una sartén (también puedes usar una cacerola); calienta el aceite a fuego medio en la estufa.
5. Añade el pavo y cocina, mezcla hasta que se dore uniformemente durante 4-5 minutos.
6. Añade la cebolla y el ajo; remueve y cuece durante 8-10 minutos hasta que se ablande.
7. Añade los tomates, comino, paprika, orégano, sal y sazona con pimienta.
8. Rellena los pimientos horneados con la mezcla de carne. Sírvelo caliente.

Valores Nutricionales (Por porción):

Calorías 193, Grasa 9g, Carbohidratos 12g, Fibra 4g, Proteína 14g

Pollo a la Naranja con Guisantes

Tiempo de Preparación: 20 minutos

Tamaño de Porción: 4

Tipo de Comida: Cena

Tipo de Dieta: Sin Lácteos, Sin Nueces

Ingredientes:

- 1 cebolla roja (cortada en rodajas)
- 2 tazas de guisantes dulces
- 2 dientes de ajo picados
- 1¼ libras de pechuga de pollo, sin piel, sin hueso y rebanadas
- 3 cucharadas de harina de coco
- 2 cucharadas de aceite de oliva
- 2 cucharadas de vinagre de arroz
- 1 cucharada de semillas de sésamo tostados
- ½ taza de salsa teriyaki
- 1 cucharada de aceite de sésamo
- 2 naranjas, peladas y cortadas
- 1 cucharada de cilantro picado

Modo de Preparación:

1. En un tazón (tamaño mediano), mezcla el pollo, la harina y remueve bien.

2. En una sartén (también puedes usar una cacerola); calienta el aceite a fuego medio en la estufa.

3. Añade el pollo y cocina, mientras remueves, hasta que se vuelva uniformemente marrón.

4. Añade el ajo y la cebolla, remueve y cuece durante 1-2 minutos.

5. Añade los guisantes y cocina durante 2 minutos más.

6. Añade la salsa, aceite de sésamo, vinagre, semillas de sésamo, naranjas y cilantro; remueve y cuece durante 1-2 minutos.

7. Añade la mezcla en platos y sirve.

Valores Nutricionales (Por porción):

Calorías 287, Grasa 3g, Carbohidratos 15g, Fibra 6g, Proteína 13g

Pollo con Brócoli y Hierbas

Tiempo de Preparación: 40-45 minutos

Tamaño de Porción: 4

Tipo de Comida: Cena

Tipo de Dieta: Sin Gluten, Sin Lácteos, Sin Soya, Sin Nueces

Ingredientes:

- 2 cucharaditas de mostaza
- 3 cucharadas de aceite de oliva
- 1½ cucharadas de romero picado
- 2 cucharadas de perejil picado
- 1 diente de ajo, picado
- Una pizca de pimienta negra (molida) y sal
- 1 cabeza de brócoli, floretes separados
- 1 cebolla roja, cortada en rodajas
- Zumo de 1 limón
- 4 pechugas de pollo, con piel y hueso
- ½ cucharadita de pimiento rojo, machacado

Modo de Preparación:

1. Precalienta el horno a 425°F.
2. En una fuente para horno, mezcla el pollo con la mitad del aceite, zumo de limón, perejil, ajo, romero y mostaza.
3. Cubre bien y hornea durante 30 minutos y divide en platos.

4. Cubre una bandeja de horno con papel de hornear. Esparce los floretes de brócoli, rocía el resto del aceite. Añade la cebolla roja y el pimiento machacado, revuelve suavemente.
5. Hornea durante 15 minutos, añade al lado del pollo y sirve.

Valores Nutricionales (Por porción):

Calorías 268, Grasa 13g, Carbohidratos 15g, Fibra 6g, Proteína 27g

Cerdo, Res y Cordero

Albóndigas de Res con Yogur

Tiempo de Preparación: 60 minutos

Tamaño de Porción: 4

Tipo de Comida: Almuerzo

Tipo de Dieta: Sin Gluten, Sin Soya, Sin Nueces

Ingredientes:
- 2/3 tazas de yogur griego natural
- 1 cucharadita de miel
- 1 boniato pequeño
- 3 dientes de ajo sin pelar
- 1 cebolla pequeña, picada fina
- 1 huevo
- Pimienta negra molida y sal al gusto

- ½ libra carne picada de res alimentada con hierba
- 1 cucharadita de cilantro molido
- 1 cucharadita de comino molido
- ½ cucharadita de pimienta de cayena
- 1 cucharada de aceite de oliva

Modo de Preparación:

1. Cocina las patatas en agua hirviendo en una olla durante 25-30 minutos y luego escúrrelas.
2. Pélalas y machácalas. Reserva en un tazón grande.
3. En una sartén (también puedes utilizar una olla); calienta el aceite de oliva a fuego medio.
4. Añade el ajo, remueve la mezcla y cocina mientras revuelves durante aproximadamente 8-10 minutos hasta que se ablande.
5. Agrega los dientes de ajo al procesador de alimentos o licuadora.
6. Añade el yogur, miel, sal y pimienta negra.
7. Haz un puré de la mezcla hasta que esté suave y reserva.
8. Añade el huevo, carne picada de res, cebolla, sal, y especias en el tazón de patatas. Mezcla y prepara albóndigas pequeñas con esta mezcla.
9. Toma una sartén profunda y calienta el aceite.
10. Agrega las albóndigas por tandas y fríelas durante 15-20 minutos hasta que estén doradas. Sírvelas con el yogur de ajo.

Valores Nutricionales (Por porción):

Calorías 276, Grasa 14g, Carbohidratos 28g, Fibra 3g, Proteína 18g

Kebabs de Cordero al Ajillo con Verduras/Arroz

Tiempo de Preparación: 20-25 minutos

Tamaño de Porción: 2-3

Tipo de Comida: Almuerzo

Tipo de Dieta: Sin Gluten, Sin Lácteos, Sin Soya, Sin Nueces

Ingredientes:

- 1 cucharada de orégano seco
- 2 cucharaditas de ajo picado
- 2 cucharadas de aceite de oliva
- 2 cucharadas de vinagre de sidra de manzana
- ½ cucharadita de sal marina
- 1 libra de paletilla de cordero cortada en cubitos de 1 pulgada

Modo de Preparación:

1. En un tazón, mezcla el aceite de oliva, el vinagre de sidra, el orégano, el ajo y la sal marina.
2. Mézclalo en el cordero. Cubre y refrigera durante 1-2 horas para marinarlo.
3. Precalienta tu parrilla. Prepara una rejilla en la parte superior.

4. Toma 8 brochetas de madera, ensarta 4 o 5 piezas de cordero en cada una y colócalas en una bandeja para hornear.

5. Asa las brochetas a la parrilla durante unos 12-15 minutos en total, dale la vuelta a mitad del tiempo, hasta que se doren uniformemente.

6. Sirve con verduras mixtas o arroz (opcional).

Valores Nutricionales (Por porción):

Calorías 426, Grasa 26g, Carbohidratos 3g, Fibra 1g, Proteína 54g

Chuletas de Cerdo a la Canela

Tiempo de Preparación: 35 minutos

Tamaño de Porción: 4

Tipo de Comida: Almuerzo

Tipo de Dieta: Sin Gluten, Sin Lácteos, Sin Soya, Sin Nueces

Ingredientes:

- 4 chuletas de cerdo
- ½ cucharadita de canela en polvo
- ½ cucharadita de paprika dulce
- Aceite de oliva para rociar
- Una pizca de pimienta negra (molida) y sal

Modo de Preparación:

1. En un tazón (tamaño mediano), mezcla las chuletas de cerdo con sal, pimiento, aceite, canela y paprika.
2. Calienta una parrilla a fuego medio-alto.
3. Cocina las chuletas de cerdo durante 10-15 minutos en cada lado, hasta que estén bien cocidas.
4. Sírvelo acompañado de ensalada.

Valores Nutricionales (Por porción):

Calorías 248, Grasa 6g, Carbohidratos 15g, Fibra 7g, Proteína 17g

Cordero a la Mostaza

Tiempo de Preparación: 45 minutos

Tamaño de Porción: 4

Tipo de Comida: Almuerzo

Tipo de Dieta: Sin Gluten, Sin Lácteos, Sin Soya, Sin Nueces

Ingredientes:

- 2 (8-costillas) costillares de cordero, secos
- ¼ taza de mostaza Dijon

- 2 cucharadas de tomillo fresco picado
- 1 cucharada de romero fresco picado
- Pimienta negra fresca molida y sal al gusto
- 1 cucharada de aceite de oliva

Modo de Preparación:

1. Precalienta el horno a 425°F.
2. En un tazón, mezcla la mostaza, el tomillo y el romero.
3. Cubre las costillas de cordero con sal marina y pimienta.
4. Coloca una sartén grande a prueba de horno a fuego medio-alto y calienta el aceite de oliva.
5. Añade el cordero; remueve y cuece durante unos 2 minutos por lado, girando una vez.
6. Retira del fuego y cubre con la mezcla mostaza.
7. Hornea durante 30 minutos o hasta que se cocine bien.
8. Retira las costillas de cordero y córtalas en trozos. Sírvelo caliente.

Valores Nutricionales (Por porción):

Calorías 413, Grasa 24g, Carbohidratos 2g, Fibra 1g, Proteína 52g

Bistec con Col China

Tiempo de Preparación: 20 minutos

Tamaño de Porción: 4

Tipo de Comida: Cena

Tipo de Dieta: Sin Gluten, Sin Lácteos, Sin Soya, Sin Nueces

Ingredientes:

- 2 cucharaditas de aceite de aguacate
- 1 cucharada de aceite de sésamo
- 2 dientes de ajo picados
- 12 onzas de filete de falda, cortado en tiras finas de 2 pulgadas
- ½ cucharadita de sal
- ¼ cucharadita de pimienta negra
- 4 cabezas de col china baby, en cuartos longitudinales
- 1 cucharada de jengibre fresco pelado (rallado o en polvo)
- 1 cucharada de azúcar de coco o sirope de arce
- 3 cucharadas de coco aminos
- 2 cucharadas de vinagre de arroz
- ¼ cucharadita de copos de pimiento rojo (opcional)

Modo de Preparación:

1. Sazona con la sal y pimienta.

2. En una sartén (también puedes usar una cacerola); calienta el aceite a fuego medio en la estufa.

3. Añade el filete y cocina, mientras revuelves, hasta que se dore uniformemente.

4. Transfiérelo a un plato.

5. En la sartén, añade el aceite de sésamo y el ajo. Remueve y cuece durante 2-3 minutos.

6. Agrega el vinagre, jengibre, azúcar de coco, col china, aminos de coco y copos de pimiento rojo hasta que estén bien mezclados.

7. Cubre y cocina durante 2 minutos.

8. Añade el filete y revuelve suavemente; sírvelo caliente.

Valores Nutricionales (Por porción):

Calorías 246, Grasa 13g, Carbohidratos 13g, Fibra 8g, Proteína 21g

Cerdo con Manzana y Pasas

Tiempo de Preparación: 40 minutos

Tamaño de Porción: 4

Tipo de Comida: Cena

Tipo de Dieta: Sin Gluten, Sin Lácteos, Sin Soya

Ingredientes:

Salsa:

- ½ cucharadita de jengibre fresco (rallado o en polvo)
- 2 manzanas peladas, sin corazón y cortadas en cubitos
- 1 cucharadita de aceite de oliva
- ¼ taza de cebolla dulce picada muy fina
- ½ taza de pasas
- Una pizca de sal marina

Chuletas:

- 4 chuletas de cerdo (4-onzas) deshuesadas, con corte central, cortadas y secas
- Pimienta negra recién molida y sal al gusto
- 1 cucharadita de ajo en polvo
- 1 cucharadita de canela molida
- 1 cucharada de aceite de oliva

Modo de Preparación:

1. En una sartén (también puedes usar una cacerola); calienta el aceite a fuego medio en la estufa.

2. Añade las cebollas, jengibre, remueve la mezcla y cocina mientras mueves durante unos 2-3 minutos hasta que se ablande.

3. Agrega las manzanas y las pasas. Saltea durante alrededor de 4-5 minutos.

4. Sazona con sal marina y reserva.

5. Cubre las chuletas de cerdo en ambos lados con ajo en polvo, canela, sal marina y pimienta.

6. En una sartén (también puedes usar una cacerola); calienta el aceite a fuego medio en la estufa.

7. Añade las chuletas y cocina, mientras revuelves, hasta que se dore uniformemente.

8. Sirve las chuletas con la salsa de manzana.

Valores Nutricionales (Por porción):

Calorías 384, Grasa 27g, Carbohidratos 11g, Fibra 2g, Proteína 26g

Cerdo con Piña y Aguacate

Tiempo de Preparación: 50 minutos

Tamaño de Porción: 4

Tipo de Comida: Cena

Tipo de Dieta: Sin Gluten, Sin Lácteos, Sin Soya, Sin Nueces

Ingredientes:

- 1 cucharadita comino
- 8 onzas de piña enlatada, machacada
- 1 cucharada de aceite de oliva
- 1 libra de cerdo molida
- 1 cucharadita de chile en polvo
- 1 cucharadita de ajo en polvo
- Pimienta negra molida y sal al gusto
- 1 mango cortado
- Zumo de 1 lima
- 2 aguacates, deshuesados, pelados y picados
- ¼ taza de cilantro, picado

Modo de Preparación:

1. En una sartén (también puedes usar una cacerola); calienta el aceite a fuego medio en la estufa.
2. Añade el cerdo y cocina, mientras salteas, hasta que se vuelva uniformemente marrón.

3. Añade el ajo, comino, chile en polvo, sal y pimienta, remueve y cuece durante 7-8 minutos.
4. Añade la piña, mango, aguacates, zumo de lima, cilantro, sal y pimienta; remueve y cuece durante 5-6 minutos.
5. Reparte en platos y sirve.

Valores Nutricionales (Por porción):

Calorías 238, Grasa 6g, Carbohidratos 12g, Fibra 7g, Proteína 17g

Chuletas con Tomate a las Hierbas

Tiempo de Preparación: 65-70 minutos

Tamaño de Porción: 4

Tipo de Comida: Cena

Tipo de Dieta: Sin Gluten, Sin Lácteos, Sin Soya, Sin Nueces

Ingredientes:

- 28 onzas de tomates enlatados, picados
- ¼ taza de caldo de pollo
- 1 taza de salsa de tomate
- ¼ taza de vinagre balsámico
- 2 cucharadas de aceite de oliva
- 4 chuletas de cerdo
- Una pizca de pimienta negra (molida) y sal
- 2 dientes de ajo picados
- 1 cebolla amarilla picada
- 1 cucharada de hierbas provenzales
- 2 cucharadas de perejil, picado
- 1 cucharada de albahaca picada

Modo de Preparación:

1. En una sartén (también puedes usar una cacerola); calienta el aceite a fuego medio en la estufa.

2. Añade el cerdo, pimiento, sal y cocina, mientras mezclas, hasta que se vuelva uniformemente marrón.

3. Transfiere a un plato para servir.

4. En una sartén (también puedes usar una cacerola); calienta el aceite a fuego medio en la estufa.

5. Añade las cebollas, ajo, remueve la mezcla y cocina mientras revuelves durante aproximadamente 8-10 minutos hasta que se ablande.

6. Añade los tomates, caldo, salsa de tomate, vinagre, hierbas y perejil, remueve y cuece durante 8-10 minutos.

7. Añade el cerdo y la albahaca, remueve y cocina durante 4-5 minutos más. Añade la mezcla en platos y sirve.

Valores Nutricionales (Por porción):

Calorías 208, Grasa 6g, Carbohidratos 9g, Fibra 5g, Proteína 18g

Chuletas de Cerdo al Ajillo con Albahaca

Tiempo de Preparación: 20 minutos

Tamaño de Porción: 4

Tipo de Comida: Cena

Tipo de Dieta: Sin Gluten, Sin Lácteos, Sin Soya, Sin Nueces

Ingredientes:

- 1 taza de albahaca picada
- 2 cucharadas de zumo de limón
- 4 chuletas de lomo de cerdo

- 2 cucharadas ajo, picado
- 2 cucharadas de aceite de oliva
- Una pizca de pimienta negra (molida) y sal

Modo de Preparación:

1. En un tazón (tamaño mediano), mezcla el ajo, aceite, albahaca, zumo de limón, sal y pimienta. Mézclalo bien.
2. Agrega las chuletas de cerdo y revuelve bien.
3. Coloca las chuletas sobre la parrilla precalentada; cocínalas durante 6 minutos de cada lado.
4. Añade en platos y sírvelo caliente.

Valores Nutricionales (Por porción):

Calorías 314, Grasa 6g, Carbohidratos 19g, Fibra 6g, Proteína 23g

Filete de Cerdo con Nueces

Tiempo de Preparación: 15 minutos

Tamaño de Porción: 4

Tipo de Comida: Cena

Tipo de Dieta: Sin Gluten, Sin Lácteos, Sin Soya

Ingredientes:

- ¼ taza de albahaca picada
- 1 cucharada de ajo picado
- ¼ taza de vinagre balsámico
- 1 libra de filetes de cerdo
- 2 cucharadas de aceite de oliva
- Pimienta negra molida y sal al gusto
- 1 cucharadita de cebolla en polvo

Para el pesto:

- ¼ taza de aceite de oliva
- ¼ taza de piñones
- ½ taza de pimientos morrones, asados

- ½ taza de albahaca, picada
- 1 diente de ajo
- Pimienta negra molida y sal al gusto

Modo de Preparación:

1. En un tazón (tamaño mediano), sazona los filetes con vinagre, 2 cucharadas de aceite, albahaca, ajo, cebolla, sal y pimienta. Refrigera durante 3-4 horas.

2. Calienta la parrilla a fuego medio-alto, agrega los filetes, cocina por 4 minutos en cada lado.

3. En tu procesador de alimentos o licuadora, añade la albahaca con los pimientos asados, piñones, ¼ taza de aceite de oliva, ajo, sal y pimienta. Mezcla hasta lograr una mezcla suave.

4. Sirve los filetes cubiertos con pesto.

Valores Nutricionales (Por porción):

Calorías 276, Grasa 7g, Carbohidratos 18g, Fibra 5g, Proteína 21g

Pastel de Carne de Res sin Pan

Tiempo de Preparación: 60 minutos

Tamaño de Porción: 4

Tipo de Comida: Cena

Tipo de Dieta: Sin Gluten, Sin Lácteos, Sin Soya, Sin Nueces

Ingredientes:

- 1 huevo
- 1½ libras de carne magra de res
- ½ taza de harina de almendras
- ½ taza de cebolla dulce picada
- 1 cucharada de albahaca fresca picada
- 1 cucharada de perejil fresco picado
- 1 cucharadita de rábano picante (rallado o en polvo)
- ⅛ cucharadita de sal marina

Modo de Preparación:

1. Precalienta el horno a 350°F. Engrasa un molde de pan con espray para cocinar.
2. En un tazón, mezcla la carne de res, la harina de almendras, la cebolla, el huevo, la albahaca, el perejil, el rábano picante y la sal marina.
3. Añade la mezcla de carne al molde de pan.

4. Hornea durante unos 55-60 minutos hasta que esté bien cocido.
5. Retira el molde y sírvelo caliente.

Valores Nutricionales (Por porción):

Calorías 412, Grasa 17g, Carbohidratos 5g, Fibra 2g, Proteína 53g

Cerdo Jalapeño con Calabacines

Tiempo de Preparación: 30 minutos

Tamaño de Porción: 4

Tipo de Comida: Cena

Tipo de Dieta: Sin Gluten, Sin Lácteos, Sin Soya, Sin Nueces

Ingredientes:

- 3 cucharadas de zumo de lima
- 1 cucharada de aceite de oliva
- 1 jalapeño, cortado por la mitad y sin semillas
- 3 tomates, cortados por la mitad
- 1 cebolla roja, cortada por la mitad
- 4 filetes de cerdo
- 2 calabacines cortados en rodajas
- ½ taza de cilantro, picado
- 1 diente de ajo, picado
- Una pizca de pimienta negra molida y sal

Modo de Preparación:

1. Precalienta el horno a 475°F. Engrasa una bandeja para asar con un poco de espray para cocinar.

2. Añade los tomates, calabacines, jalapeño y cebolla en la bandeja y hornea durante 10 minutos.

3. En un tazón (tamaño mediano), mezcla el aceite de oliva con el ajo, cilantro, zumo de lima, pimienta negra y la sal.

4. Agrega a la bandeja, mezcla bien y divide en platos para servir.

5. Rocía una sartén con un poco de espray para cocinar (también puedes utilizar una olla).

6. Añade el filete, sal, pimienta y cocina, mientras revuelves, hasta que se dore uniformemente.

7. Añade las verduras y sirve.

Valores Nutricionales (Por porción):

Calorías 215, Grasa 9 g, Carbohidratos 10g, Fibra 3g, Proteína 24g

Chuletas con Bayas

Tiempo de Preparación: 25 minutos

Tamaño de Porción: 4

Tipo de Comida: Cena

Tipo de Dieta: Sin Gluten, Sin Lácteos, Sin Soya, Sin Nueces

Ingredientes:

- 2 libras de chuletas de cerdo
- ½ cucharadita de tomillo deshidratado
- 2 cucharadas de agua
- 1 cucharadita de canela en polvo
- Pimienta negra molida y sal al gusto
- 12 onzas de moras
- ½ taza de vinagre balsámico

Modo de Preparación:

1. Sazona las chuletas de cerdo con sal, pimienta, canela y tomillo.
2. En una olla añade las moras y calienta a fuego medio.
3. Añade el vinagre, agua, sal y pimienta. Remueve la mezcla.
4. Cocina a fuego lento durante 3-5 minutos y retíralo del fuego.
5. Cepilla las chuletas de cerdo con la mitad de la mezcla de arándanos.

6. Precalienta la parrilla y asa las chuletas a fuego medio durante 6 minutos de cada lado.

7. Divide las chuletas de cerdo entre platos para servir; cubre con el resto de la salsa de moras. Sírvelo caliente.

Valores Nutricionales (Por porción):

Calorías 286, Grasa 6g, Carbohidratos 11g, Fibra 6g, Proteína 22g

Cordero con Coliflor

Tiempo de Preparación: 25 minutos

Tamaño de Porción: 4

Tipo de Comida: Cena

Tipo de Dieta: Sin Gluten, Sin Soya, Sin Nueces

Ingredientes:

Mezcla:

- 1 cabeza grande de coliflor, cortada en floretes
- ½ cucharadita de ajo en polvo
- ½ cucharadita de sal
- Pizca de pimienta de cayena

Cordero:

- 2 filetes de cordero (8-onzas) alimentados con hierba
- 2 cucharadas de aceite de aguacate
- 1 cucharadita de romero seco
- 1 cucharadita de sal
- ½ cucharadita pimienta negra fresca molida

Modo de Preparación:

1. Añade la coliflor en una olla y cubre de agua.
2. Caliéntala a fuego medio. Hierve y cocina durante 10 minutos. Cuela el agua y transfiere la coliflor a un procesador de alimentos (o licuadora).
3. Añade el ghee, ajo en polvo, sal y pimienta de cayena. Mezcla hasta obtener una consistencia suave.
4. Sazona el cordero con sal y pimienta.
5. En una sartén (también puedes usar una cacerola); calienta el aceite a fuego medio en la estufa.
6. Añade el cordero y el romero y cocina, mientras remueves, hasta que se dore uniformemente durante 8-10 minutos.
7. Corta el cordero y sirve con el pure de coliflor.

Valores Nutricionales (Por porción):

Calorías 294, Grasa 17g, Carbohidratos 11g, Fibra 3g, Proteína 36g

Chuletas a la Parilla con Menta

Tiempo de Preparación: 20 minutos

Tamaño de Porción: 4

Tipo de Comida: Cena

Tipo de Dieta: Sin Gluten, Sin Lácteos, Sin Soya, Sin Nueces

Ingredientes:

- 8 chuletas de cordero
- ¼ taza de vinagre blanco
- ½ taza de aceite de oliva
- 1 taza de hojas de menta

- ¼ taza de hojas de perejil
- 2 dientes de ajo picados
- Pimienta negra molida y sal al gusto
- ¼ cucharadita de copos de pimiento rojo

Modo de Preparación:

1. En una licuadora, agrega la menta, perejil, vinagre, aceite, ajo, sal, pimienta y hojuelas de pimienta, mezcla hasta lograr una mezcla suave.
2. Cubre las chuletas de cerdo con esta mezcla y marínalas por 30-60 minutos.
3. Coloca las chuletas en la parrilla precalentada; cocina a fuego medio-alto durante 6-7 minutos en cada lado.
4. Sirve en platos junto con el resto de la salsa de menta.

Valores Nutricionales (Por porción):

Calorías 256, Grasa 8g, Carbohidratos 9g, Fibra 1g, Proteína 24g

Chuleta de Cerdo con Brotes

Tiempo de Preparación: 30 minutos

Tamaño de Porción: 4

Tipo de Comida: Cena

Tipo de Dieta: Sin Gluten, Sin Lácteos, Sin Soya, Sin Nueces

Ingredientes:

- 1 libra de chuletas de cerdo, sin hueso
- 1 cucharadita de mostaza
- ½ cucharada de vinagre balsámico
- ¼ taza de cebolla picada
- Una pizca de pimienta negra (molida) y sal
- 1 ½ cucharadas de aceite de oliva
- 1 ¼ taza de coles de Bruselas, cortadas por la mitad
- 2/3 taza de caldo de pollo
- ¼ taza de salsa de manzana, sin azúcar
- 2 dientes de ajo picados
- 1 cucharada de romero, picado
- 1 cucharada de salvia, picada

Modo de Preparación:

1. En una sartén (también puedes utilizar una olla); calienta la mitad del aceite a fuego medio de la estufa.

2. Añade las chuletas, sal, pimiento y cocina, mientras mezclas, hasta que se cocine, mientras remueves, hasta que se vuelva uniformemente marrón.

3. Transfiérelo a un plato.

4. En la sartén, calienta el resto del aceite, agrega el caldo, mostaza, vinagre, cebolla, puré de manzana, ajo, romero y salvia.

5. Revuelve bien y cocina a fuego lento la mezcla; cocina durante 5-6 minutos.

6. Añade los brotes, mezcla y cocina durante 4-5 minutos.

7. Añade las chuletas de cerdo, remueve y cocina la mezcla durante 2-3 minutos.

8. Sirve en platos.

Valores Nutricionales (Por porción):

Calorías 254, Grasa 6g, Carbohidratos 11g, Fibra 7g, Proteína 19g

Pescado y Marisco

Champiñones con Camarones y Calabaza

Tiempo de Preparación: 20 minutos

Tamaño de Porción: 4

Tipo de Comida: Almuerzo

Tipo de Dieta: Sin Gluten, Sin Lácteos, Sin Soya, Sin Nueces

Ingredientes:

- 2 cucharadas de semillas de cáñamo
- 2 cucharadas de aceite de oliva
- 1 libra de camarones, pelados y desvenados
- ¼ taza de aminoácidos de coco
- 2 cucharadas de miel cruda
- 2 cucharaditas de aceite de sésamo
- 1 cebolla amarilla picada
- 4 onzas champiñones *shiitake* (cortados en rodajas)
- 2 dientes de ajo picados
- 1 pimiento rojo, cortado en rodajas
- 1 calabaza amarilla, pelada y en cubos
- 2 tazas de acelgas picadas

Modo de Preparación:

1. En un tazón (tamaño mediano), mezcla los aminoácidos de coco, miel, aceite de sésamo y semillas de cáñamo.

2. En una sartén (también puedes usar una cacerola); calienta el aceite a fuego medio en la estufa.

3. Añade las cebollas, remueve la mezcla y cocina mientras revuelves durante unos 2-3 minutos hasta que se ablande.

4. Añade el pimiento morrón, calabaza, champiñones y ajo, remueve y cuece durante 5 minutos.

5. Añade la mezcla de camarones y aminoácidos de coco; remueve y cuece durante 4 minutos más.

6. Añade las acelgas, mézclalas; agrega en tazones y sirve.

Valores Nutricionales (Por porción):

Calorías 236, Grasa 8g, Carbohidratos 11g, Fibra 5g, Proteína 9g

Lubina con Espinacas

Tiempo de Preparación: 30 minutos

Tamaño de Porción: 2

Tipo de Comida: Almuerzo

Tipo de Dieta: Sin Gluten, Sin Lácteos, Sin Soya, Sin Nueces

Ingredientes:

- 2 filetes de lubina sin espinas
- 2 chalotes picados
- Zumo de ½ limón
- 1 diente de ajo picado
- 5 tomates cherry, cortados por la mitad
- 1 cucharada de perejil picado
- 1 cucharada de aceite de oliva
- 8 onzas de espinacas baby

Modo de Preparación:

1. Precalienta el horno a 450°F. Engrasa una fuente para hornear con un poco de aceite en espray.
2. Añade el pescado, tomates, perejil y ajo, rocía con el zumo de limón.
3. Cubre el plato y hornea durante 12-15 minutos y coloca en platos para servir.

4. En una sartén (también puedes usar una cacerola); calienta el aceite a fuego medio en la estufa.

5. Añade los chalotes, remueve la mezcla y cocina mientras revuelves durante aproximadamente 1-2 minutos hasta que se ablande.

6. Añade las espinacas, remueve, cocina durante 4-5 minutos más. Añade al pescado y sírvelo caliente.

Valores Nutricionales (Por porción):

Calorías 218, Grasa 3g, Carbohidratos 11g, Fibra 6g, Proteína 24g

Bacalao al Ajillo

Tiempo de Preparación: 35 minutos

Tamaño de Porción: 4

Tipo de Comida: Almuerzo

Tipo de Dieta: Sin Gluten, Sin Lácteos, Sin Soya, Sin Nueces

Ingredientes:

- 2 cucharadas de aceite de oliva
- 2 cucharadas de estragón picado
- ¼ taza de perejil picado
- 4 filetes de bacalao, sin piel
- 3 dientes de ajo picados
- 1 cebolla amarilla picada

- Pimienta negra molida y sal al gusto
- Zumo de 1 limón
- 1 limón (cortado en rodajas)
- 1 cucharada de tomillo picado
- 4 tazas de agua

Modo de Preparación:

1. En una sartén (también puedes usar una cacerola); calienta el aceite a fuego medio en la estufa.
2. Añade las cebollas, ajo, remueve la mezcla y cocina mientras revuelves durante unos 2-3 minutos hasta que se ablande.
3. Añade la sal, pimiento, estragón, perejil, tomillo, agua, zumo de limón y rodajas de limón.
4. Hierve la mezcla; añade el bacalao, cocina durante 12-15 minutos, escurre el líquido.
5. Sirve acompañado de ensalada.

Valores Nutricionales (Por porción):

Calorías 181, Grasa 3g, Carbohidratos 9g, Fibra 4g, Proteína 12g

Delicia de Bacalao con Pepino

Tiempo de Preparación: 25 minutos

Tamaño de Porción: 4

Tipo de Comida: Almuerzo

Tipo de Dieta: Sin Gluten, Sin Lácteos, Sin Soya, Sin Nueces

Ingredientes:

- 1 cucharada de alcaparras, escurridas
- 4 cucharadas + 1 cucharadita de aceite de oliva
- 4 filetes de bacalao, sin piel ni espinas
- 2 cucharadas de mostaza
- 1 cucharada de estragón picado
- Pimienta negra molida y sal al gusto
- 2 tazas de hojas de lechuga, en trozos
- 1 cebolla roja pequeña (cortada en rodajas)
- 1 pepino pequeño (cortado en rodajas)
- 2 cucharadas de zumo de limón
- 2 cucharadas de agua

Modo de Preparación:

1. En un tazón (tamaño mediano), mezcla la mostaza con 2 cucharadas de aceite de oliva, estragón, alcaparras y agua, mezcla bien y reserva.

2. En una sartén (también puedes utilizar una olla); calienta 1 cucharadita de aceite a fuego medio.

3. Añade el pescado, pimienta, sal y cocina, mientras mezclas, hasta que se cocine bien y esté suave en ambos lados.

4. En un tazón (tamaño mediano), mezcla el pepino, cebolla, lechuga, zumo de limón, 2 cucharadas de aceite de oliva, sal y pimienta.

5. Coloca el bacalao en platos para servir, cubre con la salsa de estragón.

6. Sirve junto con la ensalada de pepino.

Valores Nutricionales (Por porción):

Calorías 284, Grasa 8g, Carbohidratos 9g, Fibra 1g, Proteína 14g

Salmón con Verduras

Tiempo de Preparación: 30 minutos

Tamaño de Porción: 6

Tipo de Comida: Almuerzo

Tipo de Dieta: Sin Gluten, Sin Lácteos, Sin Soya, Sin Nueces

Ingredientes:

- 4 filetes de salmón, sin espinas, con piel
- 15 onzas de coles de Bruselas, cortadas por la mitad
- 15 onzas de patatas baby, cortadas por la mitad
- 1 manojo de espárragos, cortados por la mitad
- 1 cebolla roja pequeña, en cubos
- 3 cucharadas de vinagre balsámico
- 1 cucharada de mostaza
- 2 cucharadas de aceite de oliva
- 1 taza de tomates cherry, cortados por la mitad
- 1 diente de ajo, picado
- 1 cucharadita de tomillo, picado
- Una pizca de pimienta negra (molida) y sal

Modo de Preparación:

1. Precalienta el horno a 450°F. Engrasa una fuente para hornear con un poco de aceite en espray.
2. Esparce las patatas en la fuente.
3. Añade los espárragos, coles de Bruselas, cebolla, tomates, vinagre, ajo, sal, pimienta, tomillo y aceite, mezcla bien.
4. Hornea durante 8-10 minutos.
5. Añade el salmón, sazona con sal y pimienta, hornea durante 10 minutos más.
6. Añade la mezcla y sirve en platos.

Valores Nutricionales (Por porción):

Calorías 253, Grasa 10g, Carbohidratos 13g, Fibra 6g, Proteína 9g

Gambas con Orégano y Lechuga

Tiempo de Preparación: 25 minutos

Tamaño de Porción: 4

Tipo de Comida: Almuerzo

Tipo de Dieta: Sin Gluten, Sin Lácteos, Sin Soya, Sin Nueces

Ingredientes:

- 3 cucharadas de eneldo picado
- 1 cucharada de orégano, picado
- 2 dientes de ajo picados
- 1 libra de camarones, desvenados y pelados
- 2 cucharaditas de aceite de oliva
- 6 cucharadas de zumo de limón
- Pimienta negra molida y sal al gusto

- 2 pepinos (cortados en rodajas)
- 1 cebolla roja (cortada en rodajas)
- ¾ taza de crema de coco
- ½ libras de tomates cherry
- 8 hojas de lechuga

Modo de Preparación:

1. En un tazón (tamaño mediano), mezcla los camarones, 1 cucharada de orégano, 2 cucharadas de zumo de limón, 1 cucharada de eneldo y 1 cucharadita de aceite. Reserva durante 10 minutos.

2. En otro tazón, mezcla 1 cucharada eneldo, la mitad del ajo, ¼ taza de crema de coco, 2 cucharadas zumo de limón, pepino, sal y pimienta. Mézclalo bien.

3. En otro tazón, mezcla el resto de zumo de limón, ½ taza de crema, el resto del ajo y del eneldo.

4. En un tazón (tamaño mediano), mezcla los tomates con cebolla y 1 cucharadita de aceite de oliva.

5. Calienta una parrilla a fuego medio-alto, asa la mezcla de tomate y la mezcla de camarones por 5 minutos.

6. Añádelos en platos para servir junto con la ensalada de pepino, hojas de lechuga y los demás ingredientes encima.

Valores Nutricionales (Por porción):

Calorías 268, Grasa 5g, Carbohidratos 12g, Fibra 6g, Proteína 11g

Salmón a la Mexicana con Pimienta

Tiempo de Preparación: 25 minutos

Tamaño de Porción: 4

Tipo de Comida: Almuerzo

Tipo de Dieta: Sin Gluten, Sin Lácteos, Sin Soya, Sin Nueces

Ingredientes:

- 1 diente de ajo picado
- 1 cucharadita de paprika dulce
- 4 filetes de salmón medianos sin espinas
- 2 cucharaditas de aceite de oliva
- 4 cucharaditas de zumo de limón
- Una pizca de pimienta negra (molida) y sal

Para la salsa:

- 4 cucharaditas de orégano, picado
- 1 chile habanero pequeño, picado
- ¼ taza de cebollas verdes, picadas
- 1 taza de pimiento rojo, picado
- 1 diente de ajo, picado

- ¼ taza de zumo de limón

Modo de Preparación:

1. En un tazón (tamaño mediano), mezcla la cebolla verde, ¼ taza de zumo de limón, pimiento morrón, habanero, 1 diente de ajo, orégano, pimienta negra y sal.

2. En otro tazón, mezcla la paprika, 4 cucharaditas zumo de limón, aceite de oliva y 1 diente de ajo.

3. Remueve la mezcla, cubre el pescado con esta mezcla; reserva durante 10 minutos.

4. Añade el pescado en la parrilla precalentada a fuego medio-alto.

5. Sazona el pescado con pimienta negra y la sal, cocina por 5 minutos de cada lado.

6. Añade en los platos para servir, cubre con la salsa y sirve.

Valores Nutricionales (Por porción):

Calorías 198, Grasa 4g, Carbohidratos 14g, Fibra 2g, Proteína 8g

Pescado al Curry

Tiempo de Preparación: 30 minutos

Tamaño de Porción: 4

Tipo de Comida: Cena

Tipo de Dieta: Sin Gluten, Sin Lácteos, Sin Soya, Sin Nueces

Ingredientes:

- 1 cucharada de pasta de curry rojo
- 1½ tazas caldo de pollo
- 1 lata de leche de coco (14-onzas)
- 1 cucharada de aceite de aguacate
- ½ taza de cebolla blanca picada
- 2 dientes de ajo picados
- ½ cucharadita de azúcar de coco
- 1 cucharadita de sal
- ½ cucharadita de pimienta negra molida
- 4 filetes de rodaballo (4-onzas)

Modo de Preparación:

1. En una sartén (también puedes usar una cacerola); calienta el aceite a fuego medio en la estufa.

2. Añade las cebollas, ajo, remueve la mezcla y cocina mientras revuelves durante unos 2-3 minutos hasta que se ablande.

3. Agrega la pasta. Añade el caldo, leche de coco, azúcar de coco, sal y pimienta. Mézclalo bien.

4. Reduce el fuego a bajo y cocina a fuego lento durante 8-10 minutos.

5. Añade los filetes; tápalo y cocina durante 8-10 minutos hasta que se desmenucen fácilmente.

6. Sirve los filetes con el caldo al curry.

Valores Nutricionales (Por porción):

Calorías 326, Grasa 21g, Carbohidratos 13g, Fibra 2g, Proteína 27g

Tazón de Salmón con Brócoli

Tiempo de Preparación: 20 minutos

Tamaño de Porción: 4

Tipo de Comida: Almuerzo

Tipo de Dieta: Sin Gluten, Sin Lácteos, Sin Soya, Sin Nueces

Ingredientes:

- 3 cucharadas de aceite de aguacate
- 2 dientes de ajo picados
- 1 cabeza de brócoli, floretes separados

- 1 ½ libras de filetes de salmón sin espinas
- Una pizca de pimienta negra (molida) y sal
- Zumo de ½ limón

Modo de Preparación:

1. Precalienta el horno a 450°F. Cubre una bandeja de horno con papel de hornear.
2. Esparce el brócoli. Añade el salmón, aceite, ajo, sal, pimienta y el zumo de limón, mezcla suavemente.
3. Hornea durante 15 minutos.
4. Divide en platos para servir y sírvelo caliente.

Valores Nutricionales (Por porción):

Calorías 207, Grasa 6g, Carbohidratos 14g, Fibra 6g, Proteína 9g

Bacalao al Hinojo

Tiempo de Preparación: 25 minutos
Tamaño de Porción: 4
Tipo de Comida: Cena
Tipo de Dieta: Sin Gluten, Sin Lácteos, Sin Soya, Sin Nueces

Ingredientes:

- 3 tomates deshidratados, picados
- 1 cebolla roja pequeña, (cortada en rodajas)
- ½ bulbo de hinojo (cortado en rodajas)
- 2 filetes de bacalao, sin espinas
- 1 diente de ajo picado
- 1 cucharadita de aceite de oliva
- Pimienta negra al gusto
- 4 aceitunas negras, picadas y en rodajas
- 2 tallos de romero
- ¼ cucharadita de copos de pimiento rojo

Modo de Preparación:

1. Precalienta el horno a 400°F. Engrasa una fuente para hornear con un poco de aceite en espray.

2. Añade el bacalao, ajo, pimienta negra, tomates, cebolla, hinojo, olivas, romero y copos de pimienta; mezcla suavemente.

3. Hornea durante 14-15 minutos.

4. Divide la mezcla de pescado en platos y sirve.

Valores Nutricionales (Por porción):

Calorías 255, Grasa 4g, Carbohidratos 11g, Fibra 6g, Proteína 16g

Abadejo con Remolacha

Tiempo de Preparación: 40-45 minutos

Tamaño de Porción: 4

Tipo de Comida: Cena

Tipo de Dieta: Sin Gluten, Sin Lácteos, Sin Soya, Sin Nueces

Ingredientes:

- 2 cucharadas de aceite de oliva
- 2 cucharadas de vinagre de sidra de manzana
- 1 cucharadita de tomillo fresco picado
- 8 remolachas, peladas y cortadas en trozos pequeños
- 2 chalotes (cortados en rodajas)
- 1 cucharadita de ajo picado
- Pizca de sal marina al gusto
- 4 filetes de abadejo (5-onzas), seco

Modo de Preparación:

1. Precalienta el horno a 400°F. Engrasa una fuente para hornear con un poco de aceite en espray.
2. En un tazón (tamaño mediano), mezcla las remolachas, chalotes, ajo y 1 cucharada de aceite de oliva.
3. Añade la mezcla de remolacha en la fuente para hornear.
4. Hornea durante unos 25-30 minutos, o hasta que las verduras estén caramelizadas.

5. Retira del horno y agrega el vinagre de sidra, tomillo y sal marina.
6. En una sartén (también puedes utilizar una olla); calienta el aceite restante a fuego medio en la estufa.
7. Añade el pescado, remueve la mezcla y cocina mientras revuelves durante 12-15 minutos hasta que se cocine bien.
8. Desmenuza el pescado y sirve con remolachas asadas.

Valores Nutricionales (Por porción):

Calorías 324, Grasa 8g, Carbohidratos 22g, Fibra 3g, Proteína 37g

Vieiras a la Miel

Tiempo de Preparación: 25 minutos

Tamaño de Porción: 4

Tipo de Comida: Cena

Tipo de Dieta: Sin Gluten, Sin Lácteos, Sin Soya, Sin Nueces

Ingredientes:

- 1 libra de vieiras grandes, enjuagadas
- Pizca de pimienta negra molida y sal al gusto
- 3 cucharadas de aminos de coco
- 2 dientes de ajo picados

- 2 cucharadas de aceite de aguacate
- ¼ taza de miel cruda
- 1 cucharada de vinagre de sidra de manzana

Modo de Preparación:

1. Espolvorea las vieiras con sal y pimienta.
2. En una sartén (también puedes usar una cacerola); calienta el aceite a fuego medio en la estufa.
3. Añade las vieiras, remueve la mezcla y cocina mientras mezclas durante unos 2-3 minutos hasta que se ablande y esté dorado.
4. Pásalo a un plato y reserva.
5. En la misma sartén, calienta la miel, los aminos de coco, el ajo y el vinagre.
6. Cocina durante 6-7 minutos; añade las vieiras y mezcla bien. Sírvelo caliente.

Valores Nutricionales (Por porción):

Calorías 346, Grasa17g, Carbohidratos 27g, Fibra 2g, Proteína 21g

Secreto de Bacalao con Col Rizada

Tiempo de Preparación: 30 minutos

Tamaño de Porción: 4

Tipo de Comida: Cena

Tipo de Dieta: Sin Gluten, Sin Lácteos, Sin Soya, Sin Nueces

Ingredientes:

- 4 filetes de bacalao, sin piel ni espinas
- 1 cucharada de jengibre (rallado o en polvo)
- 4 cucharaditas de ralladura de limón
- Una pizca de pimienta negra (molida) y sal
- 3 puerros, picados
- 2 tazas de caldo vegetal
- 2 cucharadas de zumo de limón
- 2 cucharadas de aceite de oliva
- 1 libra de col rizada, picada
- ½ cucharadita de aceite de sésamo

Modo de Preparación:

1. En un tazón (tamaño mediano), mezcla la ralladura con la sal y pimienta. Cubre el pescado con esta mezcla.

2. En una sartén (también puedes utilizar una olla); calienta los puerros, jengibre y zumo de limón en la estufa a fuego medio.

3. Calienta durante unos minutos; añade los filetes de pescado.

4. Tapa y cocina durante 8-10 minutos, transfiérelo a un plato.

5. Cuela el líquido y reserva los puerros. Añade el pescado en platos para servir.

6. En una sartén (también puedes usar una cacerola); calienta el aceite a fuego medio en la estufa.

7. Añade la col rizada, remueve la mezcla y cocina mientras revuelves durante unos 3-4 minutos hasta que se ablanden.

8. Añade el líquido de la sopa y cocina durante 4-5 minutos más.

9. Añade los puerros reservados y cocina durante 2 minutos.

10. Sirve el pescado en platos, rocíalo con el aceite de sésamo.

Valores Nutricionales (Por porción):

Calorías 238, Grasa 3g, Carbohidratos 12g, Fibra 4g, Proteína 16g

Deliciosos Camarones al Coco

Tiempo de Preparación: 15-20 minutos

Tamaño de Porción: 4

Tipo de Comida: Cena

Tipo de Dieta: Sin Gluten, Sin Lácteos, Sin Soya, Sin Nueces

Ingredientes:

- 2 huevos
- 1 taza de coco seco rallado, sin azúcar
- ¼ cucharadita de paprika

- Una pizca de pimienta de cayena
- ¼ taza de harina de coco
- ½ cucharadita de sal
- Pizca de pimienta negra fresca molida
- ¼ taza deaceite de coco
- 1 libra de camarones crudos, pelados y desvenados

Modo de Preparación:

1. En un tazón, bate los huevos.
2. En otro tazón, mezcla el coco, harina, sal, paprika, pimienta de cayena y pimienta negra.
3. Sumerge los camarones en la mezcla de huevo, y luego en la mezcla de coco.
4. En una sartén (también puedes usar una cacerola); calienta el aceite a fuego medio en la estufa.
5. Añade los camarones y cocina durante 2-3 minutos por cada lado. Sírvelo caliente.

Valores Nutricionales (Por porción):

Calorías 246, Grasa 18g, Carbohidratos 8g, Fibra 3g, Proteína 19g

Sorpresa de Mejillones a las Hierbas

Tiempo de Preparación: 30 minutos

Tamaño de Porción: 4

Tipo de Comida: Cena

Tipo de Dieta: Sin Gluten, Sin Lácteos, Sin Soya, Sin Nueces

Ingredientes:

- 1 cucharada de aceite de oliva
- 2 cucharaditas de ajo picado
- 1 taza de leche de coco
- ½ taza de caldo de hueso de pollo
- 2 cucharaditas de tomillo fresco picado
- 1 cucharadita de orégano fresco picado
- 1½ libras de mejillones limpios de barbas y restos orgánicos
- 1 cebolleta, rodajas de partes blancas y verdes

Modo de Preparación:

1. En una sartén (también puedes usar una cacerola); calienta el aceite a fuego medio en la estufa.
2. Añade el ajo, remueve la mezcla y cocina mientras revuelves durante unos 2-3 minutos hasta que se ablande.
3. Añade la leche de coco, caldo, tomillo y orégano.

4. Hierve la mezcla y añade los mejillones. Tapa y cocina durante unos 8 minutos, o hasta que se abran las conchas.

5. Descarta cualquier concha sin abrir y agrega la cebolleta; sírvelo caliente.

Valores Nutricionales (Por porción):

Calorías 318, Grasa 21g, Carbohidratos 12g, Fibra 2g, Proteína 23g

Chili de Salmón al Coco

Tiempo de Preparación: 25 minutos

Tamaño de Porción: 6

Tipo de Comida: Cena

Tipo de Dieta: Sin Gluten, Sin Lácteos, Sin Soya, Sin Nueces

Ingredientes:

- 1¼ tazas de coco rallado
- 2 cucharadas de aceite de oliva
- ¼ taza de agua
- 1 libra salmón, en cubos
- 1/3 taza de harina de coco
- Una pizca de pimienta negra (molida) y sal
- 1 huevo
- 4 chiles rojos, picados
- 3 dientes de ajo picados
- ¼ taza de vinagre balsámico
- ½ taza de miel cruda

Modo de Preparación:

1. En un tazón (tamaño mediano), mezcla la harina con una pizca de sal.

2. En otro tazón, bate el huevo y la pimienta negra.

3. Añade el coco rallado en otro tazón.

4. Cubre los cubos de salmón con harina, huevo y coco mezclados uno por uno.

5. En una sartén (también puedes usar una cacerola); calienta el aceite a fuego medio en la estufa.

6. Añade el salmón, saltéalos durante 2-3 minutos en cada lado. Coloca en platos para servir.

7. Calienta el agua a fuego medio-alto en la cacerola, agrega los chiles, el clavo, el vinagre y la miel, revuelve suavemente.

8. Hierve la mezcla y cocina a fuego lento durante 4 minutos; cubre el salmón y sirve.

Valores Nutricionales (Por porción):

Calorías 218, Grasa 5g, Carbohidratos 14g, Fibra 2g, Proteína 17g

Vegana y Vegetariana

Coliflor al Coco con Curry

Tiempo de Preparación: 55 minutos

Tamaño de Porción: 4

Tipo de Comida: Almuerzo

Tipo de Dieta: Sin Gluten, Sin Lácteos, Sin Soya, Sin Nueces, Vegana, Vegetariana

Ingredientes:

- 3 tazas de caldo de verdura
- 3 libras de coliflor, floretes separados
- 2 dientes de ajo picado
- 2 zanahorias picadas

- 1 cebolla amarilla picada
- 1 cucharada de aceite de coco
- Una pizca de pimienta negra molida y sal
- ½ taza de leche de coco
- Una pizca de nuez moscada
- Una pizca de pimienta de cayena
- Un manojo de perejil, picado

Modo de Preparación:

1. En una sartén (también puedes usar una cacerola); calienta el aceite a fuego medio en la estufa.
2. Añade las cebollas, zanahorias, ajo, remueve la mezcla y cocina mientras revuelves durante aproximadamente 4-5 minutos hasta que se ablande.
3. Añade la coliflor y el caldo. Hierve la mezcla y baja el fuego; tapa y cocina durante 40-45 minutos.
4. Añade la mezcla en una licuadora, añade la leche, sal y pimienta.
5. Mezcla bien y agrega a los tazones; espolvorea nuez moscada, cayena y perejil. Sírvelo caliente.

Valores Nutricionales (Por porción):

Calorías 234, Grasa 2g, Carbohidratos 11g, Fibra 5g, Proteína 7g

Ensalada de Col Rizada con Granada

Tiempo de Preparación: 15 minutos

Tamaño de Porción: 4

Tipo de Comida: Almuerzo

Tipo de Dieta: Sin Gluten, Sin Lácteos, Sin Soya, Sin Nueces, Vegana, Vegetariana

Ingredientes:

- ¼ taza de semillas de girasol sin cáscara
- 2 cucharadas de zumo de limón
- 2 manojos de col rizada, al vapor y picada
- 3 cebolletas (cortadas en rodajas)
- 1 aguacate troceado
- 3 cucharadas de aceite de oliva extra virgen
- ½ cucharadita de sal
- Pimienta negra fresca molida
- ¼ taza de granos de granada

Modo de Preparación:

1. En un tazón, mezcla la col rizada, cebolletas, aguacate, semillas de girasol, zumo de limón, aceite de oliva, sal y pimienta.
2. Mézclalo bien.
3. Mezcla las semillas de granada y sírvelo fresco.

Valores Nutricionales (Por porción):

Calorías 243, Grasa 18g, Carbohidratos 13g, Fibra 5g, Proteína 6g

Chili de Frijoles Negros y Patatas

Tiempo de Preparación: 25 minutos

Tamaño de Porción: 7-8

Tipo de Comida: Cena

Tipo de Dieta: Sin Gluten, Sin Lácteos, Sin Soya, Sin Nueces, Vegana, Vegetariana

Ingredientes:

- 1 pimiento rojo picado
- 1 pimiento verde picado
- 3 tazas de boniato cocido picado
- 2 cucharadas de aceite de aguacate
- 1 cebolla roja picada
- 5 dientes de ajo picados
- 1 lata (28-onzas) de tomates troceados con su zumo
- 1 cucharada de zumo de lima
- 3 tazas de habichuelas negras cocidas, bien drenadas y enjuagadas
- 2 tazas de caldo vegetal
- 1 cucharadita de comino molido
- 1 cucharadita de sal

- 1 cucharada de chile en polvo
- 1 cucharadita de cacao en polvo
- ½ cucharadita de canela molida
- ¼ cucharadita de pimienta de cayena
- ¼ cucharadita de orégano seco

Modo de Preparación:

1. En una olla (también puedes usar una cacerola profunda); calienta el aceite a fuego medio en la estufa.
2. Añade las cebollas, ajo, remueve la mezcla y cocina mientras revuelves durante unos 2-3 minutos hasta que se ablande.
3. Añade el pimiento morrón rojo y el verde; remueve y cuece durante unos 3 minutos hasta que estén suaves.
4. Añade los otros ingredientes y mézclalos bien.
5. Lleva a ebullición, y cocina durante 15 minutos. Sirve inmediatamente.

Valores Nutricionales (Por porción):

Calorías 162, Grasa 4g, Carbohidratos 28g, Fibra 6g, Proteína 8g

Verduras con Garbanzos

Tiempo de Preparación: 35 minutos

Tamaño de Porción: 4

Tipo de Comida: Almuerzo

Tipo de Dieta: Sin Gluten, Sin Lácteos, Sin Soya, Sin Nueces, Vegana, Vegetariana

Ingredientes:

- 1 cucharadita de paprika dulce
- 2 cucharaditas de cúrcuma en polvo
- 1 cucharada de aceite de coco
- 15 onzas de garbanzos enlatados escurridos
- 8 patatas pequeñas troceadas
- ¼ taza de quinua
- Una pizca de pimienta negra (molida) y sal
- ½ cucharada de aceite de oliva
- 2 hojas de col rizada troceadas
- 1 aguacate deshuesado, pelado y rebanado

Modo de Preparación:

1. Precalienta el horno a 450°F. Forra dos bandejas para hornear con papel de aluminio.

2. Coloca las patatas en la bandeja forrada, rocíalas con el aceite de coco.

3. Espolvorea con 1 cucharadita de cúrcuma. Sazona con sal y pimienta.

4. Hornea durante 5 minutos y reserva.

5. En un tazón (tamaño mediano), mezcla los garbanzos con la paprika y remueve.

6. Colócalos sobre otra bandeja para hornear. Hornea durante 20 minutos a 350°F.

7. En un tazón, mezcla las patatas con los garbanzos.

8. Añade el resto de la cúrcuma, aceite de oliva, sal, pimienta, quinua, col rizada y aguacate.

9. Mezcla y sirve.

Valores Nutricionales (Por porción):

Calorías 291, Grasa 4g, Carbohidratos 15g, Fibra 6g, Proteína 8g

Ensalada de Explosión de Frutas

Tiempo de Preparación: 15 minutos

Tamaño de Porción: 6

Tipo de Comida: Almuerzo

Tipo de Dieta: Sin Gluten, Sin Lácteos, Sin Soya, Vegetariana

Ingredientes:

- 1 taza de nectarinas en rodajas
- ½ taza de pecanas, picadas
- ¼ taza de cebolla roja, troceada muy fina
- 4 tazas de lechuga picada
- 1 taza de melocotones en rodajas
- 1 taza de cerezas, picadas y cortadas por la mitad
- ¼ taza de hojas de albahaca
- 1 cucharada de zumo de limón
- ½ cucharada de miel cruda
- ⅓ taza de aceite de oliva extra virgen
- ¼ taza de vinagre balsámico
- Pizca de sal y pimienta negra molida al gusto

Modo de Preparación:

1. En un tazón, mezcla las verduras, melocotones, cerezas, nectarinas, nueces, cebolla roja y albahaca.
2. En otro tazón, añade el aceite de oliva, vinagre, zumo de limón, miel, sal y pimienta. Mézclalo bien.
3. Vierte la mezcla de aderezo sobre la ensalada. Mezcla bien y sirve.

Valores Nutricionales (Por porción):

Calorías 219, Grasa 18g, Carbohidratos 17g, Fibra 3g, Proteína 2g

Ensalada de Quinua y Aguacate

Tiempo de Preparación: 5 minutos

Tamaño de Porción: 2

Tipo de Comida: Almuerzo

Tipo de Dieta: Sin Gluten, Sin Lácteos, Sin Soya, Vegana, Vegetariana

Ingredientes:

- 1 manojo mediano de col rizada, picada
- 4 cucharadas de nueces picadas
- 1 taza de quinua, cocinada
- 1 aguacate picado
- 2 cucharadas de vinagre de vino blanco
- 1 cucharada de aceite de oliva
- 1 cucharada de sirope de arce

Modo de Preparación:

1. En un tazón (tamaño mediano), mezcla la quinua, aguacate, col rizada, nueces, vinagre, aceite y sirope de arce.
2. Mezcla bien y sirve.

Valores Nutricionales (Por porción):

Calorías 168, Grasa 3g, Carbohidratos 6g, Fibra 2g, Proteína 3g

Hamburguesas de Garbanzos

Tiempo de Preparación: 20 minutos

Tamaño de Porción: 4

Tipo de Comida: Almuerzo

Tipo de Dieta: Sin Gluten, Sin Lácteos, Sin Soya, Sin Nueces, Vegana, Vegetariana

Ingredientes:

- ¼ taza de hojas de perejil
- 2 cucharadas de harina de coco
- 2 cucharadas de harina de garbanzos
- 2 dientes de ajo pelados

- 1 cebolla amarilla, pelada y picada
- 1½ tazas de garbanzos enlatados, colados y enjuagados
- 1 cucharadita de cúrcuma en polvo
- Una pizca de pimienta negra (molida) y sal
- Una pizca de pimienta de cayena
- 3 cucharadas de aceite de coco o de oliva

Modo de Preparación:

1. En una licuadora, mezcla el ajo con la cebolla, garbanzos, perejil, harina de coco, cúrcuma, sal, pimienta y cayena.
2. Prepara hamburguesas con la mezcla. Pásalas por la harina de garbanzos.
3. En una sartén (también puedes usar una cacerola); calienta el aceite a fuego medio en la estufa.
4. Cocina las hamburguesas durante 4-5 minutos de cada lado.
5. Sirve con tu elección de salsa o verduras frescas.

Valores Nutricionales (Por porción):

Calorías 249, Grasa 4g, Carbohidratos 14g, Fibra 4g, Proteína 8g

Garbanzos al Curry con Pasas

Tiempo de Preparación: 20 minutos

Tamaño de Porción: 4

Tipo de Comida: Cena

Tipo de Dieta: Sin Gluten, Sin Soya, Vegetariana

Ingredientes:

- 1 pimiento rojo picado
- 1½ tazas de caldo de verdura
- 1 cucharada de curry en polvo
- 2 cebollas blancas pequeñas, troceadas
- 2 dientes de ajo picados
- 2 cucharadas de aceite de aguacate
- ½ cucharadita de sal
- 2 tazas de garbanzos cocidos, colados y enjuagados
- ½ taza de uvas pasas doradas
- 1 manzana mediana, troceada
- ½ taza de anacardos picados
- ½ taza de yogur natural entero (opcional)

Modo de Preparación:

1. En una sartén (también puedes usar una cacerola); calienta el aceite a fuego medio en la estufa.

2. Añade las cebollas, ajo, remueve la mezcla y cocina mientras revuelves durante unos 2-3 minutos hasta que se ablande.

3. Añade el pimiento morrón, y saltea durante 4-5 minutos.

4. Añade el caldo, polvo de curry y la sal; mezcla y lleva a ebullición.

5. Añade los garbanzos, los trozos de manzana y las pasas, cocina durante 4-5 minutos.

6. Añade los anacardos. Sírvelo caliente cubierto con el yogur.

Valores Nutricionales (Por porción):

Calorías 378, Grasa17g, Carbohidratos 38g, Fibra 12g, Proteína 11g

Pasta de Alforfón de Calabacín

Tiempo de Preparación: 15 minutos

Tamaño de Porción: 4

Tipo de Comida: Cena

Tipo de Dieta: Sin Gluten, Sin Soya, Vegetariana

Ingredientes:

Pesto:

- ¼ taza de semillas de girasol sin cáscara
- 2 dientes de ajo
- 1 taza de hojas de albahaca
- 1 taza de calabacines picados
- ½ taza de aceite de oliva extra virgen, dividida
- ¼ taza de queso parmesano, rallado
- 1 cucharadita de zumo de limón
- ¼ cucharadita de sal
- Pimienta negra fresca molida

Pasta:

- 8 onzas de pasta de alforfón

Modo de Preparación:

1. Cocina la pasta en agua tal como se indica en el paquete.
2. En un procesador de alimentos (o licuadora), tritura la albahaca, calabacines, semillas de girasol, ajo y ¼ taza de aceite de oliva.
3. Añade el queso, zumo de limón, sal y pimienta. Mézclalo bien.
4. Añade el aceite restante y mezcla bien.
5. Sirve el pesto con la pasta y cubre con semillas de girasol.

Valores Nutricionales (Por porción):

Calorías 426, Grasa 25g, Carbohidratos 34g, Fibra 4g, Proteína 9g

Lentejas con Arroz Integral

Tiempo de Preparación: 30 minutos

Tamaño de Porción: 4

Tipo de Comida: Cena

Tipo de Dieta: Sin Gluten, Sin Lácteos, Sin Soya, Sin Nueces, Vegana, Vegetariana

Ingredientes:

- 1 tallo de apio, picado muy fino
- 1 zanahoria picada
- 2 dientes de ajo picados
- 2 cucharadas de aceite de aguacate
- 1 cebolla blanca pequeña, picada
- 7 cucharadas de pasta de tomate
- 2 cucharadas de vinagre de sidra de manzana
- 1 libra de lentejas cocidas
- ½ pimiento rojo, picado muy fino
- 1 cucharada de puré de sirope de arce
- 1 cucharadita de mostaza Dijon
- 1 cucharadita de chile en polvo
- ½ cucharadita de orégano seco
- Arroz integral cocido o arroz salvaje para servir

Modo de Preparación:

1. En una sartén (también puedes usar una cacerola); calienta el aceite a fuego medio en la estufa.

2. Añade la cebolla, apio, zanahoria y ajo, remueve la mezcla y cocina mientras revuelves durante aproximadamente 4-5 minutos hasta que se ablande.

3. Añade el pimiento morrón y saltea durante 2 minutos.

4. Añade la pasta de tomate, vinagre, sirope de arce, mostaza, chile en polvo y orégano.

5. Reduce la llama de cocción y remueve y cuece durante unos 8-10 minutos.

6. Sírvelo caliente con el arroz.

Valores Nutricionales (Por porción):

Calorías 288, Grasa 7g, Carbohidratos 32g, Fibra 10g, Proteína 14g

Tazón de Arroz con Champiñones

Tiempo de Preparación: 25 minutos

Tamaño de Porción: 8

Tipo de Comida: Almuerzo

Tipo de Dieta: Sin Gluten, Sin Soya, Sin Nueces, Vegetariana

Ingredientes:

- 1 cebolla dulce pequeña, cortada en cubitos
- 3 dientes de ajo picados
- 2 tazas de champiñones cremini (cortados en rodajas)
- 3 tazas de arroz salvaje cocido
- 2 cucharadas de ghee

- ½ taza de caldo vegetal

- ½ cucharadita de tomillo deshidratado

- ½ cucharadita de sal

Modo de Preparación:

1. Coloca el arroz en un tazón y reserva.

2. En una sartén (también puedes utilizar una olla); calienta el ghee a fuego medio.

3. Añade las cebollas, ajo, remueve la mezcla y cocina mientras mueves durante aproximadamente 4-5 minutos hasta que se ablande.

4. Agrega los champiñones, el caldo, el tomillo y la sal; remueve y cuece durante 8-10 minutos hasta que los champiñones estén tiernos.

5. Añade la mezcla de arroz y sírvelo caliente.

Valores Nutricionales (Por porción):

Calorías 148, Grasa 3g, Carbohidratos 23g, Fibra 2g, Proteína 5g

Rollos de Lechuga y Garbanzos

Tiempo de Preparación: 15 minutos

Tamaño de Porción: 2

Tipo de Comida: Almuerzo o Cena

Tipo de Dieta: Sin Gluten, Sin Lácteos, Sin Soya, Sin Nueces, Vegetariana

Ingredientes:

- ½ chalote, picado
- 1 manzana verde, sin corazón y cortada en cubitos
- 3 cucharadas de tahini (pasta de sésamo)
- 1 lata (15-onzas) de garbanzos, bien escurridos y enjuagados
- 1 tallo de apio, cortado en cubitos
- 1 cucharadita de mostaza Dijon
- 2 cucharaditas de zumo de limón
- 1 cucharadita de miel cruda
- Pizca de sal al gusto
- 4 hojas de lechuga romana

Modo de Preparación:

1. En un tazón (tamaño mediano), mezcla los garbanzos, apio, chalote, manzana, tahini, zumo de limón, miel, mostaza y la sal. Mézclalo bien.

2. Añade la mezcla sobre las hojas de lechuga romana en un plato.

3. Envuelve las hojas y sirve.

Valores Nutricionales (Por porción):

Calorías 317, Grasa 14g, Carbohidratos 31g, Fibra 12g, Proteína 15g

Aperitivos y Salsas

Aperitivo de Prosciutto y Aguacate

Tiempo de Preparación: 5 minutos

Tamaño de la Porción/Rendimiento: 12

Tipo de Dieta: Sin Gluten, Sin Lácteos, Sin Soya, Sin Nueces

Ingredientes:

- 2 aguacates grandes, cortados por la mitad, sin hueso
- 12 lonchas de prosciutto
- 2 manzanas, cada una cortada en 6 trozos
- Miel cruda (opcional)

Modo de Preparación:

1. Toma cada mitad de aguacate y haz 3 tajadas de cada mitad.
2. Toma 1 rebanada de prosciutto; coloca 1 tajada de aguacate y 1 tajada de manzana en un extremo y enrolla para hacer una envoltura. Repite lo mismo.
3. Cubre con la miel y sirve.

Valores Nutricionales (Por porción):

Calorías 238, Grasa 17g, Carbohidratos 11g, Fibra 5g, Proteína 16g

Dip de Frijoles con Miel

Tiempo de Preparación: 5 minutos

Tamaño de la Porción/Rendimiento: 3-4 tazas

Tipo de Dieta: Sin Gluten, Sin Lácteos, Sin Soya, Sin Nueces, Vegetariana

Ingredientes:

- 2 tomates cherry
- 2 cucharadas de agua filtrada
- 1 cucharada vinagre de sidra de manzana
- 1 lata (14-onzas) cada una de frijoles rojos y frijoles negros
- 2 dientes de ajo

- ¼ cucharadita de comino molido
- ¼ cucharadita de sal
- 2 cucharaditas de miel cruda
- 1 cucharadita de zumo de lima
- Pizca de pimienta de cayena al gusto
- Pimienta negra fresca molida al gusto

Modo de Preparación:

1. En una licuadora o procesador de alimentos, añade los frijoles, ajo, tomates, agua, vinagre, miel, zumo de lima, comino, sal, pimienta de cayena y pimienta negra.
2. Licúa hasta obtener una mezcla suave. Añade la mezcla en un tazón.
3. Cubre y refrigera para enfriar el dip. Puedes mantenerlo refrigerado hasta por 5 días.

Valores Nutricionales (Por Porción ½ taza):

Calorías 158, Grasa 1g, Carbohidratos 33g, Fibra 8g, Proteína 9g

Dip de Patatas con Frijoles

Tiempo de Preparación: 25 minutos

Tamaño de Porción: 7-8

Tipo de Dieta: Sin Gluten, Sin Lácteos, Sin Soya, Sin Nueces, Vegana, Vegetariana

Ingredientes:

- 2 cucharadas de zumo de lima
- 1 cucharada de aceite de oliva
- 5 dientes de ajo picados
- 1 taza de garbanzos enlatados, escurridos y enjuagados
- 4 tazas de boniatos cocidos, pelados y picados
- ¼ taza de pasta de sésamo
- ½ cucharadita de comino molido
- 2 cucharadas de agua
- Una pizca de sal

Modo de Preparación:

1. En una licuadora, agrega todos los ingredientes y mezcla hasta formar una mezcla suave.

2. Transfiere a un tazón.

3. Sirve con zanahoria, apio o palitos de verduras.

Valores Nutricionales (Por porción):

Calorías 156, Grasa 3g, Carbohidratos 10g, Fibra 6g, Proteína 8g

Patatas Fritas de Calabacín

Tiempo de Preparación: 30 minutos

Tamaño de la Porción/Rendimiento: 12 unidades

Tipo de Dieta: Sin Gluten, Sin Soya, Sin Nueces, Vegana, Vegetariana

Ingredientes:

- ½ taza de harina de almendras
- 1 calacacín mediano, pelado y cortado por la mitad a lo ancho
- 1 cucharada de aceite de aguacate
- ½ cucharadita de sal
- ½ cucharadita de ajo en polvo
- ½ cucharadita de pimienta negra molida

Modo de Preparación:

1. Precalienta el horno a 425°F. Cubre una bandeja de horno con papel de hornear.
2. En un tazón, mezcla la harina, la sal, el ajo en polvo y la pimienta.
3. Haz un total de 12 tiras de mitades de calabacín.
4. Cepilla las tiras con el aceite y cubre con la mezcla de harina. Separa uniformemente las patatas fritas en la hoja preparada.
5. Hornea durante 20 minutos o hasta que estén crujientes. Sírvelo caliente.

Valores Nutricionales (Por Unidad):

Calorías 42, Grasa 3g, Carbohidratos 2g, Fibra 0.3g, Proteína 1g

Bocaditos de Pollo

Tiempo de Preparación: 20 minutos

Tamaño de Porción: 2

Tipo de Dieta: Sin Gluten, Sin Lácteos, Sin Soya

Ingredientes:

- 2 cucharadas de ajo en polvo
- 2 pechugas de pollo, en cubos
- ½ taza de harina de almendras
- 1 huevo
- Pimienta negra molida y sal al gusto
- ½ taza de aceite de coco

Modo de Preparación:

1. En un tazón (tamaño mediano), mezcla el ajo en polvo, harina, sal y pimienta. Remueve.
2. En otro tazón, bate el huevo.
3. Cubre los cubos de pechuga de pollo en la mezcla de huevo, luego cubre con la mezcla de harina.
4. En una sartén (también puedes usar una cacerola); calienta el aceite a fuego medio en la estufa.

5. Añade los trozos de pollo, cocínalos durante 4-5 minutos de cada lado hasta que se cocine bien.

6. Sírvelo caliente.

Valores Nutricionales (Por porción):

Calorías 72, Grasa 4g, Carbohidratos 6g, Fibra 2g, Proteína 8g

Dip de Anacardo y Jengibre

Tiempo de Preparación: 5 minutos

Tamaño de la Porción/Rendimiento: 1 taza

Tipo de Dieta: Sin Gluten, Sin Lácteos, Sin Soya, Vegana, Vegetariana

Ingredientes:

- 1 cucharada de aceite de oliva extra virgen
- 2 cucharaditas de coco aminos
- 1 taza de anacardos crudos, remojados en agua filtrada durante 20-25 minutos y escurridos
- 2 dientes de ajo

- ¼ taza de agua filtrada
- 1 cucharadita de zumo de limón
- ½ cucharadita de jengibre molido
- ¼ cucharadita de sal
- Pizca de pimienta de cayena

Modo de Preparación:

1. En una licuadora o procesador de alimentos, licúa los anacardos, ajo, agua, aceite de oliva, aminos, zumo de limón, jengibre, sal y pimienta de cayena.
2. Añade la mezcla en un tazón.
3. Tapa y refrigera hasta que esté bien frío. Puedes almacenarlo durante 4-5 días en el refrigerador.

Valores Nutricionales (Por porción):

Calorías 124, Grasa 9g, Carbohidratos 5g, Fibra 1g, Proteína 3g

Delicia Nocturna de Alforfón

Tiempo de Preparación: 25 minutos

Tamaño de Porción: 4

Tipo de Dieta: Sin Gluten, Sin Lácteos, Sin Soya, Sin Nueces, Vegana, Vegetariana

Ingredientes:

- 2 cucharaditas de ajo picado
- 2 tazas de alforfón cocido
- 1 cucharada de aceite de oliva
- ½ taza de cebolla roja picada
- Zumo de 1 limón
- Ralladura de 1 limón (opcional)
- ½ taza de perejil picado
- ¼ taza de menta picada
- Sal marina al gusto

Modo de Preparación:

1. En una sartén (también puedes usar una cacerola); calienta el aceite a fuego medio en la estufa.
2. Añade las cebollas, ajo, remueve la mezcla y cocina mientras revuelves durante unos 2-3 minutos hasta que se ablande.

3. Agrega el alforfón, el zumo de limón y la ralladura de limón. Remueve y cuece durante unos 4-5 minutos.

4. Añade el perejil y la menta. Saltea durante 1 minuto.

5. Retira del fuego y sazona con sal. Sírvelo caliente.

Valores Nutricionales (Por porción):

Calorías 394, Grasa 6g, Carbohidratos 38g, Fibra 9g, Proteína 16g

Garbanzos con Especias

Tiempo de Preparación: 20-25 minutos

Tamaño de la Porción/Rendimiento: 4 tazas

Tipo de Dieta: Sin Gluten, Sin Lácteos, Sin Soya, Sin Nueces, Vegana, Vegetariana

Ingredientes:

- 4 tazas de garbanzos cocidos, escurridos y secos
- 1 cucharadita de ajo en polvo
- 2 cucharadas de aceite de oliva virgen extra
- 1 cucharadita de sal
- Pimienta negra molida al gusto

Modo de Preparación:

1. Precalienta el horno a 400°F. Cubre una bandeja de horno con papel de hornear.

2. Esparce los garbanzos y cubre con el aceite.

3. Hornea durante 20 minutos, muévelos a mitad del tiempo.

4. Transfiérelos a un tazón grande.

5. Mezcla con la sal y el ajo en polvo; sazona con pimienta. Sírvelo caliente.

Valores Nutricionales (Por Porción ¼ taza):

Calorías 148, Grasa 5g, Carbohidratos 22g, Fibra 6g, Proteína 8g

Postres

Mora Granita

Tiempo de Preparación: 10 minutos

Tamaño de Porción: 4

Tipo de Dieta: Sin Gluten, Sin Lácteos, Sin Soya, Sin Nueces, Vegetariana

Ingredientes:

- ½ taza de miel cruda
- ¼ taza de zumo de limón
- 1 libra de moras
- ½ taza de agua
- 1 cucharadita de tomillo picado

Modo de Preparación:

1. En una licuadora o procesador de alimentos, mezcla las moras, agua, miel, zumo de limón y tomillo.
2. Mezcla para hacer un suave puré.
3. Procesa a través de un tamiz de malla fina en una fuente cuadrada para hornear.
4. Colócalo en el congelador durante 2 horas. Retira el plato y rompe cualquier sección congelada revolviendo suavemente. Congela de nuevo durante 1-2 horas; repite lo mismo hasta obtener una estructura parecida al granito. Sirve bien frío.

Valores Nutricionales (Por porción):

Calorías 176, Grasa 1g, Carbohidratos 42g, Fibra 6g, Proteína 2g

Explosión de Frutas con Especias

Tiempo de Preparación: 35 minutos

Tamaño de Porción: 4

Tipo de Dieta: Sin Gluten, Sin Lácteos, Sin Soya, Vegana, Vegetariana

Ingredientes:

Para el Relleno:

- 1 mango grande, pelado y troceado
- 1 piña, pelada y cortada en trozos pequeños
- 2 cucharadas de aceite de coco
- 2 cucharadas de sirope de arce
- 1/8 cucharadita de canela molida
- 1/8 cucharadita de jengibre molido

Para la Cobertura:

- ½ cucharadita de pimienta de Jamaica molida
- ½ cucharadita de canela molida
- ½ cucharadita de jengibre molido
- ¾ tazas de almendras
- 1/3 taza de coco rallado

Modo de Preparación:

1. Precalienta el horno a 375°F. Engrasa una fuente para hornear con un poco de aceite en espray.

2. En una sartén (también puedes usar una cacerola); calienta el aceite a fuego medio en la estufa.

3. Añade el sirope de arce y cocina, revolviendo durante aproximadamente 1-2 minutos.

4. Agrega los ingredientes restantes y cocina durante 4-5 minutos.

5. Retira del fuego, enfría y agrega a una fuente para horno.

6. En una licuadora, agrega los ingredientes para la cobertura.

7. Mezcla bien hasta lograr una textura consistente.

8. Hornea durante alrededor de 15 minutos o hasta que se vuelva dorado. Sírvelo caliente.

Valores Nutricionales (Por porción):

Calorías 307, Grasa 22g, Carbohidratos 26g, Fibra 4g, Proteína 3g

Tarta de Cereza

Tiempo de Preparación: 30-35 minutos

Tamaño de Porción: 4

Tipo de Dieta: Sin Gluten, Sin Lácteos, Sin Soya, Sin Nueces, Vegana, Vegetariana

Ingredientes:

- ¼ taza de coco rallado sin azúcar
- ¼ taza de harina de coco
- 1 cucharada de harina de arrurruz
- 2 tazas de cerezas sin hueso
- ¼ de taza +1 cucharada de sirope de arce

- ¼ taza de pecanas, picadas
- ½ cucharadita de canela molida
- Pizca de sal

Modo de Preparación:

1. Precalienta el horno a 375°F. Engrasa una fuente para hornear con un poco de aceite en espray.
2. Añade las cerezas y ¼ de taza de sirope.
3. En un tazón (tamaño mediano), mezcla una cucharada de sirope de arce y el resto de los ingredientes.
4. Agrega la mezcla sobre las cerezas de manera uniforme.
5. Hornea durante 25 minutos y sírvelo caliente.

Valores Nutricionales (Por porción):

Calorías 168, Grasa 13g, Carbohidratos 22g, Fibra 1g, Proteína 5g

Mousse de Limón con Coco

Tiempo de Preparación: 15-20 minutos

Tamaño de Porción: 4

Tipo de Dieta: Sin Gluten, Sin Lácteos, Sin Soya, Sin Nueces, Vegetariana

Ingredientes:

- 2 tazas de leche de coco
- ½ taza de zumo de limón
- ¼ taza de agua
- 2 cucharaditas de gelatina en polvo
- ¼ taza de miel cruda
- 2 cucharadas de ralladura de cáscara de limón

Modo de Preparación:

1. En una sartén (también puedes usar una cacerola); calienta el agua a fuego medio en la estufa.
2. Mezcla la gelatina y reserva durante 10 minutos para espesar.
3. En un tazón (tamaño mediano), bate la leche, el zumo de limón, la miel y la ralladura de limón.

4. Calienta nuevamente la mezcla de gelatina y agrega la mezcla de leche; revuelve y calienta la mezcla.

5. Enfría y refrigera por aproximadamente 2 horas hasta que esté listo.

6. Añade el mousse en tazones para servir.

Valores Nutricionales (Por porción):

Calorías 318, Grasa 11g, Carbohidratos 26g, Fibra 4g, Proteína 3g

Barritas de Postre de Quinua

Tiempo de Preparación: 10 minutos

Tamaño de Porción: 8

Tipo de Dieta: Sin Gluten, Sin Lácteos, Sin Soya, Vegetariana

Ingredientes:

- ¼ taza de miel cruda
- ¼ taza de cacao en polvo
- ½ taza de mantequilla de almendras
- 4 tazas de quinua inflada
- ¼ taza de almendras picadas

Modo de Preparación:

1. Engrasa una fuente para hornear cuadrada con un poco de espray para cocinar.
2. En una sartén (también puedes utilizar una olla); calienta la mantequilla a fuego medio.
3. Añade la miel y el cacao en polvo. Revuelve y calienta la mezcla; reserva para enfriar.
4. En un tazón, mezcla la quinua y las almendras.
5. Añade la mezcla a la sartén. Revuelve todo junto.

6. Añade la mezcla en el plato y presiona firmemente.

7. Refrigera por aproximadamente 1-2 horas. Corta en 16 trozos y sirve.

Valores Nutricionales (Por porción):

Calorías 96, Grasa 3g, Carbohidratos 17g, Fibra 1g, Proteína 2g

Delicia de Manzana y Pera

Tiempo de Preparación: 25 minutos

Tamaño de Porción: 4

Tipo de Dieta: Sin Gluten, Sin Lácteos, Sin Soya, Sin Nueces, Vegetariana

Ingredientes:

- ¼ taza de miel cruda
- 1 cucharadita de clavos enteros
- 4 tazas de agua
- 2 tazas de zumo de manzana sin azúcar
- ½ cucharadita de semillas de cardamono enteras
- 1 cucharadita de extracto puro de vainilla

- 4 peras peladas, sin corazón y cortadas por la mitad

Modo de Preparación:

1. En una sartén (también puedes utilizar una olla); calienta la miel, los clavos, el agua, el jugo de manzana, el cardamomo y la vainilla a fuego medio.

2. Hierve la mezcla. Reduce el fuego al mínimo y cocina a fuego lento durante 5 minutos.

3. Añade la pera y tápalo. Cocina a fuego lento durante unos 8-10 minutos, revolviendo a la mitad del tiempo.

4. Añade la mezcla en platos para servir. Sirve las peras con la salsa líquida encima.

Valores Nutricionales (Por porción):

Calorías 238, Grasa 0g, Carbohidratos 52g, Fibra 7g, Proteína 1g

Sorpresa de Calabaza y Nueces

Tiempo de Preparación: 10 minutos

Tamaño de Porción: 6

Tipo de Dieta: Sin Gluten, Sin Lácteos, Sin Soya, Sin Nueces, Vegana, Vegetariana

Ingredientes:

- 1 cucharadita de canela molida
- ½ cucharadita de jengibre molido
- ¼ cucharadita de nuez moscada molida
- 2 tazas leche de coco en lata con toda la grasa
- 1 taza de puré de calabaza puro
- ¼ taza de sirope de arce puro
- Pizca de clavo
- 2 cucharadas de pecanas picadas, para decorar

Modo de Preparación:

1. En un tazón, bate la leche, la canela, el jengibre, la calabaza, el sirope de arce, la nuez moscada y los clavos.
2. Cubre y refrigera el tazón por aproximadamente 2 horas hasta que se enfríe.
3. Cubre con las pecanas y sirve.

Valores Nutricionales (Por porción):

Calorías 246, Grasa 18g, Carbohidratos 17g, Fibra 3g, Proteína 4g

Conclusión

¡Gracias nuevamente por el valioso tiempo que has tomado leyendo este libro!

Los alimentos que combaten la inflamación inspiran cambios de vida impactantes. Traen verdadera nutrición a tu mesa todos los días. Los estímulos ambientales afectan nuestra estructura genética y desencadenan la defensa natural de nuestro cuerpo a través de la respuesta autoinmune.

La inflamación es la causa raíz de varios trastornos y dolencias de la salud. Afortunadamente, tenemos el poder de luchar contra ellos siguiendo una dieta saludable. Estos cambios en la dieta ayudan a aliviar los síntomas de las enfermedades autoinmunes, incluida la artritis y dolor en las articulaciones.

Las recetas cubiertas en el libro son saciantes y llenas de sabores vibrantes. El plan de comidas es realmente útil para principiantes, ya que pueden consumir platos combinando varias verduras, especias, carnes y variedades de pescado.

Al conocer todos los alimentos antiinflamatorios que puedes incluir en tu dieta, puedes experimentar con recetas sencillas. Puedes añadir tu elección de ingredientes para personalizar los sabores de tu preferencia.

¿Qué estás esperando? Haz un viaje al supermercado, llena tu despensa con ingredientes antiinflamatorios y comienza a preparar estas deliciosas recetas. ¡Gracias y diviértete disfrutando de estas recetas saludables!

Por último, si disfrutaste este libro, tómate el tiempo de escribir un comentario en Amazon. Tus honestos comentarios serán de mucha ayuda. Te deseo todo lo mejor para lograr la vitalidad y la salud óptima que todos merecemos.

¡Que tengas un buen día! La mejor de las suertes en todos tus proyectos.

www.ingramcontent.com/pod-product-compliance
Lightning Source LLC
Chambersburg PA
CBHW071306110526
44591CB00010B/793